日本人、最期のことば

西村眞

飛鳥新社

はじめに

この世に生を享けたその日から、私たちには必ず迎えなければならない最期の瞬間があります。生涯にただ一度だけ誰にでも例外なく訪れる人生最後の儀式です。

いま日本の人口は一億二四四九万五千人（平成三十年二月一日現在）ですが、その長幼、性別を問わずこの一億を越える現在の日本国民すべてに、今後数十年にわたって等しくこの最期の瞬間は訪れつづけることになります。一国の宰相、あるいは一代で財を成した大富豪といえども例外ではない。そして、あなたにも、私にも。

近世、近代にしぼって各界の偉人、傑物と呼ばれる人たちの「最期のことば」を一篇にまとめてみました。波乱に充ちた一代の半ばで斃れた英傑がいます。天寿を全うした偉人がいます。その一方で思わぬ若さで惜しまれつつ夭折した天才たちも。

彼らが臨終に際して残したひと言には肉声のように生々しい響きがあり、言葉の背後からおのずとその人物の一生が見事に立ち上がってきます。その様子は驚くほどリアルであり、執筆していて思わず息を呑む瞬間が何度かありました。そして奇妙だったことは、大人物の最期ほど朝晩の挨拶のようにさり気なく、不思議な明るさが漂っていたことです。

「コレデオシマイ」（勝海舟）
「じゃあ、おれはもう死んじゃうよ」（幸田露伴）

これらの臨終まぎわに偉人、英傑たちが洩らした「声」「ことば」に耳を澄ますと、彼らのいかなる伝記、評伝を読んでも見えてこない実像が一瞬にして立ち現われてきます。さらにその生涯さえ、瞬時にして浮かび上がってくることがあるのです。

ああっ、とおもわず膝を打ちたくなる達観した言葉との出会いがありました。でき得ることなら我が終焉もかくありたいと願う見事な臨終のひと言もありました。これら歴史上の人物たちが人生の通過儀礼の波間に残していった繚乱たる言葉の数々は、いまも私の胸底深くに銘記されております。

しかし筆を進めていくうちに長い歴史、伝統を持つ日本という国には、諸外国には見られない独特の死生観が生きていることに気づかされました。日本人がいだく死に対する格別の美意識は、外国人にはほとんど理解しがたい概念なのです。彼らから見れば、おそらく今後も永久に理解することのできない異様な死の美学だと思われます。なかでも「ハラキリ」という日本独特の自死がその象徴です。

文中に登場する乃木将軍の殉死を、フランスのカトリック系日刊紙『ユニベール』は、

「自殺は犯罪である。それは狂気の沙汰でないとすれば、度しがたい臆病から起きている」

と、百五十年前の事件直後に報道しています。これはほんの一例にすぎません。

歴史上の二十人の人物たちの臨終と遺言には、ニッポンという国の歴史、思想、風土に根ざした光と影が絡みついていて、彼らの一生を浮き彫りにする陰翳（いんえい）となっているのです。

本書は私自身にとってあらためて世界に比類のない我が国固有の伝統、文化、道徳に強い思いを寄せる契機となりました。

いかなる人間も、あの世に旅立つための予定表をあらかじめ作ることはできません。本書に登場する英傑、偉人たちも多かれ少なかれ出会いがしらの事故のように、ある日、突然この世を去って歴史の彼方に消え去っているのです。

しかし彼らが残した肉声は幾世代もの時代を越えて、今なおいきいきと私たち後世の人間に何事かを語りつづけています。その遺言には、現代を生きる私たちがすでに見失っている日本人の大切な原点が生きつづけているような気がいたします。

あらためてここに登場する二十人の人物たちの見事な生と死の美学に、心からなる敬意を表したいと思います。

理想に殉じた幕末の英傑たち

壮絶な死を遂げた明治の文豪

新時代を開拓した偉人の遺言

江戸文化を築いた文人墨客の末期

第5章

戦国乱世を生き抜いた一代の英雄

死を達観して逝った近代の文学者

写真提供　アフロ、時事通信フォト、茨城県立図書館、（公財）北原白秋生家記念財団

第1章

理想に殉じた幕末の英傑たち

坂本龍馬／井伊直弼／吉田松陰／西郷隆盛

坂本龍馬

●幕末の憂国の志士、土佐藩郷士

一八三五〜一八六七

修羅か極楽かに
お供申すべく候

慶応二年または三年頃の龍馬の湿板写真。

暗殺のために海舟邸を訪問

文久三年（一八六三）春、一年前故郷土佐を脱藩した龍馬が国の姉お乙女に送った手紙がある。

「さてもさても、人間の一生は合点の行かぬはもとよりの事、運のわるいものは風呂より出でんとしてキンタマをつめ割りて死ぬるものあり。それとくらべて私などは運が強く、なにほど死ぬる場へ出ても死なれず、自分で死なうと思ふても、又生きねばならん事になり、今にては日本第一の人物勝麟太郎といふ人の弟子になり、日々兼ねて思ひつく所を精と致し居り候。それゆえ私四十歳になるころまでは家に帰らんやうに致すつもりにて……」（龍馬二十九歳・三月二日付書簡）

四国の険峻な高峰を越えて土佐を脱藩してからの一年、龍馬は一介の脱藩浪人として西国を転々としながら流浪してきた。この間、路銀に困り刀の縁頭を売り払い、手拭いで刀の柄を巻いて旅していたという逸話もある。（平尾道雄著『龍馬のすべて』久保書店）

やがて無一文になって、若き日に剣術修行した江戸京橋の千葉道場にたどり着くが、直後に赤坂の勝海舟邸を暗殺のため訪問。しかし、幕府の軍艦奉行並の要職にあったこの大人物に惚れこんだ龍馬はその場でたちまち弟子入りしている。この出会いによって広く世界の情勢を教えられ、さらに勝の創設した神戸海軍操練所塾頭として参加したことで、その後の龍馬が生きていく道が大きく拓かれることになった。

晩年、勝海舟は、「彼はおれを殺しに来た奴だが、なか〱の人物さ。その時おれは笑って受けたが、おちついてなんとなく冒しがたい威権があって、よい男だったよ」と、『氷川清話』の中で回想している。

大政奉還の蔭の立役者

四年後の慶応三年（一八六七）十月十三日のことである。京都二条城黒書院に裃姿で平伏する全国諸藩の重臣四十人を前にして、十五代将軍慶喜は朝廷への政権返上の決意を伝えた。翌十四日、「大政奉還」の上表文を天皇家に奉上したとき、徳川二百六十五年の歴史は滅び、あわせて鎌倉以来七百年続いた武家政治が終わった。

この日本歴史を回天させた大事件は、土佐前藩主・山内容堂公が将軍慶喜に政権返還を建白したことから始まっている。だが、世界にも例のない政治革命を土佐藩参政に献策したのは、郷士出身の下級武士・坂本龍馬であった。

四年前まで一介の脱藩浪人だった龍馬は、その後、脱藩の罪を赦免されて、当時、土佐

海援隊幹部の面々。左から三人目が坂本龍馬。

藩の海援隊長に任ぜられていた。

この日、二条城から十五代将軍慶喜の大政奉還を急報する密書を受けとった龍馬は、

「将軍家今日のご心中さこそと察し奉る、よくも断じ給えるものかな」

と、慶喜の胸中を察してしばし落涙した。倒幕派で勤王の志士として名高い龍馬が流した涙に周囲の人たちは驚いたという。

龍馬の献策から紆余曲折があった。しかし、この徳川将軍の「大政奉還」決断が引き金となって、この年の暮れ「王政復古」の大号令が発せられ、少年天皇を擁した維新政府が樹立されることになったのである。

大政奉還後、土佐藩参政の依頼を受けた龍馬は、自身の「船中八策」を下敷きにして議会、憲法、

官制、職制など、今後の日本の政治体制を一変させる「新政府綱領八策」を完成させた。

ある一日、龍馬はこの「新政府綱領八策」を携えて薩摩屋敷を訪ね、かねて親交のあった討幕派の首魁、西郷隆盛にその所見を叩いた。一読した西郷は柱に寄りかかって膝を組み、腕をこまねいている男を見ながら不審そうに訊いた。

「新政府で貴君の役職がないのは、なぜか」

するとと、龍馬はこう答えた。

「僕は役人を厭う。時を定めて家を出で、時を定めて帰るなどは僕の堪えざる所なり。土佐、いかに小国なりといえども、役人たらんものは他に多かるべし」

しからば官職に就かないで何をする気か、と西郷は重ねて尋ねた。龍馬は嘯くように、

「左様さ、世界の海援隊でもやらんかな」

と答えた。西郷には返す言葉もなかったという。すでに龍馬の関心は「国家」を超えて、「世界」に向かっていたのである。（千頭清臣『坂本龍馬』博文館）

身近で目撃した龍馬の素顔

長崎で海援隊を結成していた坂本龍馬を訪ねて、入隊を許された福井の脱藩志士・関義

臣という人物がいる。維新後に龍馬の思い出を語っているが、身近で目撃した素顔が活写されていて興味深い。

「龍馬の風采は、軀幹、五尺八寸（百七十四センチ）に達し、デップリ肥つて（六十二キロ）、筋肉逞しく、顔色、鉄の如く、額広く、始終衣服の襟を、ダラリと開けて、胸を露して居た。一説に、母親が、懐妊中、黒猫を愛して居た所から、其れに肖似つたのであらう、背中に、うじや〳〵、毛が生へて居たので、何様な暑い日でも、肌を脱いだことが無い。人と共に、入浴もしない。一切、人には背をみせなかつた、と云ふが、私は、其処迄は知らぬ。

何しろ顔に黒子が多く、眼光炯々として、人を射、随分恐い顔付じやつた。平生は無口じやが、国事に関した議論となると、滔々たる雄弁を揮ひ、真に卓励風発の概があつた」

その一方で長崎の料亭などに隊士を連れて登楼すると、馴染みの芸妓を呼んで、日ごろの無口に似合わぬ玉を転がすような可愛い声で流行り唄などを歌った。

よさこい節はその本場だけにうまいものだった。一升半の酒を呑んでも平然としていた大酒豪は、ときとして盃を膳の上に置き、手を打って拍子をとり、三味線に合わせて、

「お医者の頭へ雀が止まるう　止まるう筈だよ、藪医者だ、よさこい、よさこい」

などと、「土佐の高知のはりまや橋」の替え歌をつくって自慢げに歌ったものだったという。（「海援隊の回顧」関義臣懐旧談）

暗殺現場の凄惨な光景

大政奉還の一年ほど前から、幕府新撰組（しんせんぐみ）や幕吏の兇刃（きょうじん）に狙われていた龍馬の身辺には、暗殺の気配が刻々と迫っていた。

慶応三年一月には、前年から奔走していた薩長同盟を京都薩摩藩邸で成立させた。倒幕のために「朝廷を擁し奉り、正議を抗し、いざとなれば決戦に及ぶ」という密約を、龍馬立ち会いの上で薩摩長州両藩に交わさせたのである。

倒幕の流れを百八十度転回させることになるこの大仕事を果たした龍馬は、二日後の夜に薩摩藩が常宿にする伏見の寺田屋に戻ってきた。

その旅籠（はたご）にお龍（りょう）という京女を女将（おかみ）に預けていた。故郷の実兄宛に、「名は龍、今は妻といたし候」と書き送った女である。

この夜、寺田屋は幕府の捕吏数十人に急襲された。お龍の後日譚によると、夜更けて龍馬がすでに寝所に入った後、風呂につかっていると、湯船に入っている肩先に窓の外から槍が突き出された。ただちに幕府の捕り手だと気づいた彼女は、「殺されてたまるか」と裸で風呂場を飛び出し、濡れた肌に袷一枚を引っかけて二階に駆け上がると、龍馬に幕吏の急襲を教えた。この急報で龍馬は常に携帯していた六連発のピストルを構えて、寝所に乱入してくる捕吏に向かって何発かぶっ放した。彼らが逃げまどう隙に民家の屋根に飛び降りて追っ手をまくと、薩摩藩邸に逃げこんでかろうじて一命を拾った。

お龍が大活躍した幕末史に名高い寺田屋騒動である。

大政奉還後の騒擾とした政情の残る同じ年の十一月十一日……。

死の四日前に、三十三歳の龍馬が残した一通の手紙がある。薩摩藩海軍最高幹部の林謙三に宛てた自筆書状である。

大政奉還後の武力討幕派の過激な動向から、官軍と旧幕府軍による日本全土を巻きこむ内戦はもはや避けられないことを龍馬は承知していた。そのとき国内の数多くの優秀な人材が戦禍で殺戮されることを憂慮して、旧幕臣を北海道開拓に送りこみ、日本の将来のために政治、軍事、文化、学問、技術等の貴重な人的資産を温存する移住計画を立てていた。

勝海舟と幕府海軍を創設した経歴を持ち、いまは西郷隆盛に薩摩藩海軍の最高幹部として重用されている林謙三という人物と、隠密裡にその実施計画を練っていたのである。

この林宛書状の末尾には、「大兄の御事も今しばらく命をお大事になされたく、実は為すべき時はまさに今にて御座候」と書き添えられていて、その最後は、

「やがて方向を定め、修羅か極楽かにお供申すべく候」

と結ばれている。修羅は、争乱の地獄である。前年の寺田屋遭難はじめ再三刺客に狙われていた龍馬には、すでに不慮の死に遭遇する予感と覚悟があったのかもしれない。

十一月十五日、龍馬から届いた書状を大坂で読んだ林謙三は不吉な予感にかられて京都に向かい、翌未明に龍馬が潜伏していた河原町蛸薬師の醤油商・近江屋に到着している。あたりに異様な気配を感じて近江屋に駆けこんだ林は、二階八畳のまだ血だまりが残る現場を見て、息を呑んで立ちすくんだ。

後年、目撃した光景を回想した彼の草稿がある。

「又処々に血痕の足跡を認む。余は坂本氏の安否を正さんと覚へず階上に突進し、氏の室に入るや氏は抜刀のまゝ流血淋漓の中に斃る。眼を次室に転ずれば石川清之助（中岡慎太郎の変名）半死半生の間に苦悶せり。又隣室を望むに従僕声を放て煩悶しつつあり。其脊部に大傷を見る。すでに絶命に近し。余は愕然為す所を知らず。主人を呼で其故を問ふ。主人は只戦慄して答ふる能はず……」（林謙三自記「犬尿略記草稿」）

真犯人が語った事件の顚末

龍馬暗殺事件は、当初、近藤勇以下の新撰組の犯行が疑われていた。だが維新後、京都の治安維持を担っていた幕府「見廻組」与頭佐々木只三郎他の凶行だったことが、隊員の逮捕、自供によって判明した。なかでも龍馬暗殺は、江戸の旗本で今井信郎という直心影流剣術達人の犯行であった。十一月十五日夜の顚末を語ったこの人物の回顧談がある。

「……モウ余程寒くなつて居まして、表通りに人の往来もなく、十五夜の月がキラ〳〵頭上の方に光つて居ましたが、四人とも十分用心して、十時を余程過ぎた時分に河原町のその醤油屋へ参りました。そして、（身分を偽り）私共は信州松代藩のこれ〳〵と云ふものですが、坂本さんに火急お目にかかりたいと申した処、取次のものがハイと云つて立つて行きましたから、こいつは占めた、居るに違ひない。居さへすれば何様でもして斬つて仕舞ふと思つていますと、其中に取次が此方へと云ひますので二階へ参りました。（中略）

八畳の方には坂本と中岡が坐つて居りました。中岡当時改名して石川清之助と云つて居りました。けれども私は初めての事であり、どれが坂本だか少しも存じませず、外の三人も勿論知りませんので早速機転をきかして、ヤヽ坂本さん暫くと云ひますと、入口に坐って居た方の人が、どなたでしたねえと答へたのです。そこで、ソレと云ひさま、手早く抜いて斬りつけました。最初、横鬢を一つたゝいて置いて、体をすくめる拍子、横に左の腹を斬って、それから踏み込んで右から又一つ腹を斬りました。此の二太刀で流石の坂本もウンと云つて仆れて仕舞ひましたから、私はモウいきついた事だと思ひましたが、後で聞きますと、明日の朝まで生きて居たさうです……」

事件から三十四年後、京都の雑誌『近畿評論』に掲載された主犯・今井信郎の談話筆記録である。

龍馬の妻、維新後の消息

この暗殺事件が起きたとき、祝言を挙げてすでに龍馬の正妻となっていたお龍は、薩摩に出かけた新婚旅行も終えて、長州下関の海援隊士の家に預けられて暮らしていた。

事件の翌十六日早暁、お龍は龍馬が全身紅に染まり血刀をさげて枕元に坐っている夢を見て、もしや夫の身に異変でもありはせぬかと、人にも語らず心を苦しめていた。

一週間ほどして龍馬の死を知らされたお龍は、仏前にしとやかに坐ってしばらく合掌していたが、大鋏を手に持つやいなや、黒髪を根からふっつり切りとって白紙に包み、仏前に供えてワッと泣き伏した。（「反魂香」安岡秀峰聞書・明治三十二年「文庫」連載より）

もとは京都の医師の娘で父親を早く亡くしていたお龍は、維新後、日本各地を転々としながらしだいに困窮落魄していった。あるときは新政府閣僚に出世していた龍馬の知人の豪邸を訪ねて大金の援助を乞い、別のときには居留守を使う高官の玄関先で罵倒をやめなかった、という逸話などが残されている。

後年には縁者を頼って神奈川県横須賀に居を移し、三十五歳のとき大道商人の西村松兵衛と再婚。場末の裏長屋で夜ごと大酒を飲んで龍馬との思い出に耽り、明治三十九年に六十六歳で没した。テキ屋に落ちぶれていた夫は、龍馬の妻だったことを生涯誇りとしていた老妻の死を憐れんで、その墓碑に「龍馬之妻龍子之墓」と刻んで葬ってやった。

●幕末の譜代大名、幕府大老

井伊直弼

一八一五〜一八六〇

人各々天命あり

「違勅の国賊」か「開国の元勲」か。幕末動乱の時代を武門の信念を貫いて生きた大老・井伊直弼。（写真提供／時事通信フォト）

隠密から届いた急報

桜田門外の襲撃事件が起きる一年半ほど前のことである。

井伊大老はすでに身辺に水戸藩士の凶刃が迫っていることを察知していた。水戸藩に放っていた隠密から、同藩の過激な一派の動向について急報を受け取っていたからである。

「風聞とは申しながら容易ならざる次第にて、突留もこれなき浮説と申し上げがたき儀と存じ奉つり候得ども、御聞き捨て迄相認め申し候」

（確証のない風聞にすぎず、突き止めようもない噂話にすぎないが、内容が容易ならざる事柄なので一応お耳に入れておく）

として、水戸前藩主・徳川斉昭の家臣である天狗党一派が主君斉昭を永蟄居にした大老・井伊直弼の処分を恨んで、「江戸表登城の節、途中伏勢を差し置き」直弼の行列を襲撃する計画を練っているという内容であった。（安政五年九月十日付、関東取締出役からの水戸探索文書）

桜田門外の異変が起こる数日前には、矢田藩主松平信和が外桜田の井伊邸を慌ただしく訪ねてきて、江戸の尊皇攘夷派の脱藩浪士、なかでも過激な水戸脱藩浪士の不穏な動きを報せて厳重な警備を勧めた。

直弼はその友誼には深く感謝すると応じつつ、国の存亡にかかわる危機が迫っているとき、我身ひとつの安寧を図ることなど考えられないと答えた。そして、

「人各々天命あり、刺客が果たして余を斃そうとすれば、たとえいかほど戒心（用心）しても、乗ずべき隙があろう。そもそも諸侯の従士の数は幕府の定めるところであって、大老みずからこれを破っては、他の諸侯はいかになるであろう」

と、諭している。（井伊正弘編、井伊家史料『幕末風聞探索書』）

襲撃を予告する投げ文

万延元年（一八六〇）三月三日、早暁から強風にあおられた雪が、外桜田の井伊邸の広大な庭に舞い上がっていた。

その日、井伊直弼は登城して将軍に桃の節句の賀詞を述べるため、五つ半時（午前九時）には屋敷を出た。供廻りの徒士以下二十六人、足軽、草履取り、駕籠かき、馬夫など総勢六十余人。降りやまぬ雪のために供廻りの徒士は全員雨合羽を着用し、雪で濡れることを恐れて刀の柄には柄袋を掛けて主君の駕籠に従った。

井伊大老の長い行列が屋敷を出て行った後のことである。

大老・井伊直弼を襲撃した水戸脱藩浪士・蓮田市五郎が、身柄を預けられていた細川邸で描いた桜田門門外の変。（提供／茨城県立図書館）

側役（そばやく）が主君の居室で開封された書状を見つけた。その朝の水戸脱藩浪士の凶行を教えて、身辺の厳重な警護を勧める投げ文であった。

仰天した側役はただちに留守居の同僚に告げて処置を議そうとした。

まさにその時、血だらけの仲間（ちゅうげん）が土足のまま玄関を駆け上がり、

「主君の一大事！」

と絶叫した。邸内に残っていた者が席を蹴って立ち、玄関で鞘（さや）をはらって真剣を手にすると雪の桜田門めがけて駆けだした。だが現場では、すでに水戸脱藩浪士が凶行を果たして立ち去った後だった。血に染まった雪の上には襲撃された家臣たちの黒塗りの下駄が無数に転がっていた。

井伊大老が何者かが急報した投げ文を一読した

後に屋敷を出たことは、封が切られていたことから明白であった。だがその一件を周囲にひと言も洩らすことなく、大名駕籠に黙然と坐して降りしきる春の雪の中に消えていったのである。（この項および以下は、吉田常吉氏の名著『井伊直弼』を参照、引用）

短銃で狙撃された大老

その朝、大老の駕籠に従っていて、手疵を負った従士の証言がある。

「行列が外桜田門外の辺りを過ぎた時のことである。武鑑を手にして大名の登城を見物している態をしていた一団があり、その中の一人が訴状を手にして、大老に駕籠訴するような格好で待ち構えていた」

供頭と供目付の徒士は、訴状を持って近づく浪士にいきなり斬りつけられた。二人は雨合羽と柄袋のために鞘を払えず、鞘のまま立ち向かったが額に深い疵を負って闘死した。

その一刹那、一発の銃声が四辺の静寂を破った。

これを合図に残りの水戸浪士が道の左右からいっせいに駕籠を目がけて突進してきた。不意を突かれた大老の供廻りが右に左に斬り立てられ、雨合羽や柄袋をはずしてようやく敵と斬り結んだときには、すでにほとんどの徒士が重傷を負っていた。手疵を負いながら主君の駕籠を守ろうとした者も、大勢の水戸浪士に襲撃されて、駕籠の傍まで近づくことができなかった。

「すでに駕籠かきは駕籠を捨てて逃げ去り、駕籠は地上に据えられたままであった。大老の駕籠脇には最早防戦する人影はなかった。浪士は白刃を振るって駕籠中へ何回か突き刺した。手応えありとみるや、戸を破って大老を引き出して一刀の下に首を打ち、首級を携え、歓声を上げて日比谷門に向かった」

深手を負っている一人の徒士が、主君の首級が持ち去られるのを見て、よろめきつつ追尾して、長州藩邸前に至って背後から斬りつけたが自らもまた斬り倒された。

「大老の首級を奪った者は、（一人だけ参加していた）薩摩脱藩藩士であったが、井伊家の徒士に切りつけられた重傷に耐えかねて、辰ノ口の若年寄遠藤胤統邸前の辻番所脇で、大老の首級を傍らに置いて割腹して果てた。大老の首級はいったん辻番所に納められ、番人が遠藤家に届けたが、井伊家の中老が同家に出向き、供回りの徒士の首と称して引き取った。これより先、大老の遺骸は直ちに駕籠に乗せられて帰邸したが、ここにおいて藩医によって首と胴とを縫い合わされたのである」

井伊直弼の最期については、ある浪士が訴状に見せかけた書類の下に短銃を隠して、大老の駕籠に近づき狙撃したという説がある。凶行後、主君の遺骸を診(み)た井伊家の藩医も、直弼の太股(ふともも)から腰に抜ける銃弾の貫通銃創(かんつうじゅうそう)を臨床報告している。

居合い術で一派を編み出すほどの剣の達人であった井伊大老が、手もとに刀を携えながら、まったく無抵抗で水戸浪士に殺害されている。

直弼は駕籠に坐して襲撃の気配を知ったときから、すでに「天命あり」と覚悟を定めていたのである。

百年間秘匿(ひとく)された極秘資料

事件後、脇坂老中邸に自首した水戸脱藩浪士が、大老・井伊直弼を弾劾(だんがい)した「斬奸(ざんかん)趣意書」なる書面がある。

「……日米修好通商条約を天皇の勅許(ちょっきょ)を得ることなく無断調印したこと。さらに徳川御三家の名門中の名門、徳川斉昭公を逆賊扱いして水戸に永蟄居とし、以下公卿(くぎょう)、諸大名の区別なくこれを悪し様(あしざま)に誹(そし)って、あるときは隠退させ、ときには禁錮したこと。その上で公武合体、あるいは本来排斥すべき諸外国との対応において数々の過ちを犯した。

とりわけ安政の大獄においては、尊皇攘夷派の愛国者を無実の罪に処して多数獄死、刑死させた。自らの権勢をふるい横暴の限りをつくしたその非道に対して、我々は天に代わってこれを斬奸するものである」

斬奸状の趣旨は、水戸藩の殺人者(テロリスト)たちによる一方的な断罪である。

実は桜田門外で藩主・井伊直弼を暗殺された彦根藩井伊家には、事件直後から百年にわたって封印してきた一万数千点にのぼる極秘資料が秘蔵されていた。事件の真実を伝える膨大な史料は筺底(きょうてい)深く秘匿(ひとく)して他見を許さず、昭和二十年の敗戦に至るまでいっさい公開されなかった。

国賊という汚名を負いながらひたすら沈黙を守り、百年にわたって極秘資料を守ってきた一族の末裔(まつえい)、井伊正弘氏(井伊大老史実研究会)が、一部を公刊したことを機にその理由を明かしている。(井伊家史料『幕末風聞探索書』第一巻・序文)

「(事件を)契機として徳川幕府は崩壊の一途を辿り、ついに大政奉還となり、明治維新が遂げられた。その結果、井伊直弼は朝廷に楯突いた張本人というレッテルを貼られ、昭和の敗戦に至るまでのおよそ百年に亘って『国賊』という扱いを受けねばならぬ事となったのである」

維新後、明治新政府からも再三資料提供を求められたがこれを拒絶した。新政府要人は薩長出身者によって占められており、記録を没収されて永久に真相を抹殺されることを恐れたのである。

「しかし昭和の敗戦を契機として世の中はがらりと変り、民主主義、言論自由の時代となるにおよんで、日本歴史の中、タブーとされていた部分の研究も次々と行われるようになり、今や井伊直弼に対する朝敵意識も急速に薄らぎ、昨今ではその事蹟を冷静に見直そうという風潮が起り始めるに至った」

昭和三十四年に至って『大日本維新史料・類纂之部・井伊家史料』第一巻が刊行された。その後も続々と編纂されているが、すべての史料が日の目を見るまでに後何年、何代かかるか予想もできないという。

幕末史が一変する真相とは？

しかし、従来の幕末史と異なる意外な事実が秘匿資料から次々と明らかにされている。例えば天皇に無断で米国と修好通商条約を結び、「違勅の国賊」と烙印を押された一件。

当時の井伊大老の言動について、彦根藩公用人が私的に記録した井伊家秘蔵の「公用方秘録」という文書がある。

　その日、外桜田の大屋敷に夜半帰邸した大老井伊直弼に、公用人の宇津木六之丞が、勅許なしに条約調印を決定した違例を諫言すると、

〈事危急に迫り天皇の勅許を待つ余日もなく、なおまた海外諸藩（欧米諸国）の形勢を考察致すに、古昔と違い航海術に上達し、万里も隣のごとく交通通商を開き、その他にも兵器、軍制など、皆実戦にたけ、国富み兵強く、強いてこれを拒絶し兵端を開き、もし一時、勝ちを得るとも、海外皆敵と為すときは、いずれに勝ち目があるか量りがたい。いやしくも敗戦となり国土を割いて償わざるを得ないことにでもなれば、国辱これより大はなし。今日、海外を拒絶して永く国体を辱めることと、朝廷の勅許を得ずして国体を守ることと、いずれが重き。勅許を待たざる重罪は甘んじて我ら一人にて受ける覚悟である。これ以上は何も言うな〉

と述べた。そして、夜も更けた、休息したいと洩らして、奥の間に入っていったとある。

実は桜田門外の変は、英国の「エジンバラ・レヴュー」という新聞でも「日本帝国の執政、御大老が暗殺された」として大きく報道されている。当時、欧米大国は東方植民地政策によって、アジアの日本国の動向に強い関心を寄せていたのである。

　すでに米国のペリー艦隊、ロシアのプチャーチン艦隊などが条約締結を求めて日本には

来航していた。

　隣国では英仏艦隊が清国を破って属国とし、その勢いでまもなく日本を攻撃してくるという情報が米国領事から直弼のもとに届いていた。もし英仏艦隊と勝ち目のない開戦ということになれば、我が国はどうなるか。

　天皇の勅許を得るためには数か月かかる懸念から、直弼が米国との無断調印を決断した経緯が、井伊家史料からは読みとれるのである。

　暴政の極みと酷評される多数の勤王の志士を処刑した安政の大獄についても、井伊家の秘匿史料には従来の幕末史とはまったく異なる見解と真相が明かされているという。やがて「井伊家史料」の刊行が全巻完結したとき、維新直前の動乱の闇の中で横死(おうし)した、大老・井伊直弼の歴史的評価と真実はさらに明白になるはずである。

故郷の寺で眠る万感の思い

桜田門外の変が起きたあの日、幕府老中は政情の混乱を恐れて井伊直弼の非業(ひごう)の死を内外に伏せた。江戸の彦根藩邸には主君の仇討ちのために、地元から藩士が続々と上京していた。幕府は不穏な動向を必死で抑えこみ、事件の公表は、暗殺から一か月ほど経った三月末日のことであった。

主君の死が公になったこの日、はじめて井伊家は喪に服した。

四月九日にいたって彦根藩三十五万石の元藩主・井伊直弼の遺骸は、藩士の供揃えに守られて、すでにその年の桜も散りつくした外桜田の屋敷から出棺していった。遺骸は翌日の法要を経て江戸郊外世田谷村の豪徳寺に葬られた。享年四十六。

諡は「宗観院柳暁覚翁」。二年前、再三固辞した大老就任にあたって、死を覚悟して彦根藩から江戸に向かったとき自らが選んだ法号であった。

雪の朝、桜田門外で惨殺された直弼の血が染みこんだ土は、四斗樽四杯につめこまれて彦根藩に送られ、故郷犬上郡里根村の天寧寺の一隅にその万感の思いと共に埋められた。

吉田松陰
よしだしょういん

●長州藩士、思想家、兵学師範

一八三〇〜一八五九

呼びだしの
声待つ外に
今の世に　待つべき事の
なかりけるかな

吉田庫三氏蔵。

死を前にした澄みきった心境

江戸小伝馬上町（西奥揚屋）の獄中で、いよいよ自らの処刑の日が迫っていることを知った吉田松陰は、ひそかに遺書を書きはじめた。安政六年（一八五九）十月二十五日のことである。

獄吏の目をかすめて、一昼夜をついやして一気に執筆して筆を擱いたのは、処刑前日の暮れ方のことであった。

故郷長州の松下村塾の門下生に宛てて、死を前にした澄みきった心境と、激動の時代を生き抜く心構えを説いた遺書である。そして、この一書は、三十歳を迎えたばかりの憂国の士が愛弟子たちに書き遺した最後の講義録でもあった。

「留魂録」である。

長州藩萩の武士の家系に生まれた松陰は五歳で兵学師範家職の養子となり、わずか十歳のときには藩校の明倫館で家学を講義して周囲を驚かせた。翌年には十一歳で藩主・毛利慶親の御前で、難解な兵学書を講じてその英才ぶりが話題になった。

二十歳以降も奇矯の仁、あるいは狂気の仁と呼ばれて、幕末の革命家の道を突き進んでいくが、後年には叔父の松下村塾を引き継ぎ、高杉晋作、久坂玄瑞、伊藤博文、山縣有朋などの倒幕の士として活躍して、明治維新を大きく推進していく英傑たちを次々と育てた私塾の師範であった。

現在、萩市の松陰神社が所蔵する実物によると、「留魂録」は薄葉半紙を四つ折りにしてコヨリで綴じた縦十二センチ、横十七センチほどのごく小さな冊子である。獄吏の目をかすめて外部に持ち出すために、手の中に折って隠せる寸法が必要だったのである。

冒頭には「留魂録」と表題があり、

　身ハたとひ武蔵の野辺に朽ぬとも
　留置まし大和魂

と、辞世の和歌が勢いよく書きつけられている。

本文は半紙十九面に、ほとんど改行のない漢字と片仮名の筆文字で綴られていて、筆の運びにはわずかの乱れもなく、翌日に死を控えた人物の手跡とは思えない。そのうえ処刑を前にして、牢獄の薄明かりで諄々と弟子たちに書き遺した憂国の情、殉死の覚悟には、いささかの淀みもなく、あくまでも格調高く、論旨は明快きわまりない。

十六ヶ条から成る「留魂録」は獄中で二通書かれた。一通は萩の門下生に届けられたが、回読中に行方不明になった。獄中の牢名主が預かっていたもう一通だけが現存している。

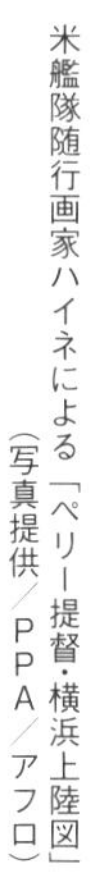
米艦隊随行画家ハイネによる「ペリー提督・横浜上陸図」（写真提供／ＰＰＡ／アフロ）

国禁を犯した危険人物

わずか三十年の生涯であった。

松陰の死に至る序幕は、嘉永六年（一八五三）六月三日の黒船来航にはじまる。

この日、米国東インド艦隊司令長官のペリー提督が軍艦四隻を率いて、突如浦賀沖に姿をあらわした。米国大統領の国書を携えて我が国に開国を迫る強談判のためであった。江戸湾に侵入した艦隊は威嚇の空砲を撃ち鳴らし、親書の受け取りを迫り、数日後久里浜に上陸して国書を幕府の応接係に手渡すと来春の再来を告げて立ち去った。

当時、松陰はある事件のために長州藩を追放され長州浪人として江戸に出て遊学中だったが、兵学者・佐久間象山の砲学塾で砲術と洋学を学んでいた。象山の塾で黒船来航を知った松陰は、

「浦賀へ異船来りたる由に付き、私只今より夜船にて参り申し候。海陸共に路留にも相成るべくやの風聞にて、心甚だ急ぎ飛ぶが如し、飛ぶが如し。（後略）」

と、江戸藩邸大検使・瀬能吉次郎宛に書状で報告して文字どおり浦賀に飛んでいる。

黒船来航は徳川数百年の鎖国政策を打ち破る幕末の一大事件であった。幕臣から諸藩の藩主、下級武士にいたるまで攘夷派と開国派に分かれて対立し、国を二分する大騒動となっていた。

松陰は攘夷論者として知られていたが、異国に対する単純な排斥思想の持ち主ではなかった。東洋を植民地化しようとする欧米列強の政策に対する警戒心を持つ一方で、諸外国の先進文明を学びたいという開明的な野心を胸中深くいだいていた。

翌年一月十六日、ペリー提督は再び開国を求めて重武装の軍艦七隻を率いて来航する。

前年から欧米への密航を決意していた松陰は、二十七日深夜同行する金子重輔と二人で下田の海岸から小舟を漕ぎ出し、日米和親条約を無事締結して下田に回航していたペリー提督の旗艦ポウハタン号に国禁を犯して乗りこんだ。

しかし、海外渡航を国禁としている幕府を刺激することを恐れたペリー提督は、松陰に対して米国への乗船を拒絶した。

旗艦ポウハタン号から下田の寒村の浜にボートで送り返された松陰は、その翌日自首して江戸伝馬町の牢に投獄される。

半年後、幕府から国禁を犯した危険人物として長州藩に幽閉の命が下り、長州に連行されて野山獄（のやまごく）に投獄されるが、その後、獄から萩の実家の一室に移されて幽閉生活を送ることになる。この幽室でひそかにはじめた門弟と寝食をともにする授業が日ごとに評判が高くなり、国事犯でなおかつ危険人物の講義を聴講するために、親に隠れて夜道を通ってくる若者がにわかに増えていく。ついには叔父のはじめた松下村塾を増改築して広い居間で講義をつづけるほどになった。

だがその一方では地元の同志十七名と血盟を結び、幕府老中（ろうじゅう）の暗殺計画を企てて藩の上使にも働きかけていくようになる。あまりの過激さに一部の門人が松陰から離反していくさなか、幕府はこの危険人物の江戸への召喚命令を下し、江戸到着後ただちに伝馬町獄舎に投獄した。

死を控えた獄中で書いた入魂の遺書

暗い獄中で片袖で隠したローソクの灯（あか）りを頼りに、終夜遺書を書きつづける松陰の脳裏には、これら過ぎ去った日々へのさまざまな思いが去来していたはずである。

五千字にわたる「留魂録」文中には、長州から幕府転覆を謀る危険な国事犯として江戸に護送されて、伝馬町獄舎で判決を待つ自身の捕縛のいきさつ、あるいは日本中に吹き荒れていた安政の大獄に連座して、各地で逮捕投獄されていた尊攘派志士たちとの獄中でのひそかな交流、さらに幕府公儀と鋭く対立した評定所での激論などが詳細に綴られている。

当初、奉行所の取り調べではさして重罪になる気配はなかった。だが数度目の取り調べのさなかに松陰は、幕府批判の軽い気持ちをこめて前年計画していた暗殺計画を告白する。天皇の勅許を得ることなく日米修好通商条約を締結した老中首座の間部詮勝と刺し違え、斬り払うという過激きわまりない閣老撃殺計画であった。

評定所の奉行は予想もしていなかった松陰の自白に驚愕狼狽し、ただちに老中に報告、激怒した井伊大老は、それまで「流罪」と内定していた罪名を即座に墨筆で消して、「死罪」と書き改めたと伝えられている。切腹は許されず斬首刑であった。

この裁決の直前に、井伊大老討ち果たしを計画して捕縛されたと噂される四国高松藩の老武士が、多勢の獄吏が立つ牢獄の廊下で、すれ違いざま松陰にささやいた言葉が遺書中に書き留められている。

玉となりて砕くるとも
瓦となりて全かるなかれ

老武士のひと言に衝撃を受けた松陰は、以来、文字どおり瓦となって命長らえる道を捨てて、宝玉の輝きを放って砕け散る覚悟をすでにかためていた。

十六章にわたる本文が終わると、行を改めて「書きつけ終りて後」と題して、

呼びだしの声待つ外に今の世に
待つべき事のなかりけるかな

その他四首の辞世をあげ、欄外に「十月二十六日黄昏書す」と誌し、その下段に「二十一回猛士」と自分の号を署名して筆を擱いた。ただ本文の整然とした書体と比較して、この終わりの七行の筆跡だけは乱れている。死を翌日にひかえて薄明かりの獄中で、入魂の遺書を「書きつけ終わりて後」、その胸中にはいかなる嵐が吹き荒れていたのであろうか。

松陰の最期をめぐる真相

漢学者依田学海の日記（安政六年十一月八日付）に、評定所の同心から仄聞した話として、死刑判決を受けた際の松陰の様子が出てくる。

「奉行死罪のよしを読み聞かせし後、（松陰は）畏り候よし、うやうやしく御答へ申して、平日庁に出づる時に介添せる吏人に久しく労をかけ候よしを言葉やさしくのべ、さて死刑にのぞみて鼻をかみ候はんとて、心しづかに用意してうたれけるとなり」

死罪判決を聞いた後も松陰はうやうやしく奉行に応対し、日ごろの介添えの下役人にもご苦労をおかけしたと優しく言葉をかけた。そして処刑にのぞんでも余裕しゃくしゃくと鼻をひとかみしてから、心静かに首を打たれたと、依田の日記の一節には書かれている。

死刑判決を受けた直後の白洲でも、松陰は牢獄から連行される駕籠で作詩したと思われる五言絶句を、評定所に鳴り響く大声で朗々と三度絶唱したと伝えられている。

我今国の為に死す　死して君親に背かず

悠々天地の事　鑑照　明神に在り

評定所に坐していた幕吏一同も粛然として襟を正してこれに聞き入り、一座は肺腑をえぐられるように悲痛な思いにつつまれた。獄卒も傍らから松陰を制止することを忘れて聞き入り、朗誦が終わると我に返って狼狽しながら松陰を駕籠に押し込め伝馬町の獄に急いだ。（長州藩江戸藩邸留守居役、小幡高政の談話記録）

ところが同時期に密勅事件に連座して小伝馬上町に入牢していた、世古恪太郎という幕末の志士にはまったく異なる証言がある。維新後に京都府判事などを歴任したこの人物が、安政の大獄の思い出など記した『唱義見聞録』に、次のような松陰の最期の姿が出てくる。

「吉田（松陰）も斯く死刑に処せらるべしとは思わざりしにや、彼縛らるる時、誠に気息荒々しく、切歯して、実に無念の顔色なりき」

そして評定所の真ん中で暴れ出し大声で死刑の不当を鳴らしたが、同心十人ほどに取って押さえられた。高手小手縦横に搦められ、上着は破れて下帯一本のまま曳き立てられた、というのである。

ただし松陰が暴れ出して以降の光景は世古本人の目撃談ではなく、牢の同心が話していたのを小耳にはさんだものだと記されていて、幕末のこの一幕の真偽をめぐっては当時から関係者の間に論議がある。

徒死ではなかった若き英傑の死

松陰の刑死後、江戸在勤中の飯田正伯という門人が、牢役人等に賄賂を使って苦労して入手した「留魂録」を萩にいる高杉晋作に送った。

添えられていた書状が残されている。

「別紙留魂録を元書のまま差し送り候間御一覧成さるべく候。一言一句涙の種に相成り申し候。この書は極々に同志の人々でなければ決して他見は無用なり」

故郷に届けられた愛弟子たちへの五千字の遺書は後年には行方不明になるが、当時はひそかに回し読みされ、書き写されて、門下生の間に尋常ではない影響を衝撃波のように広げていった。

松陰は中国明代の陽明学に傾倒して、知（知ること）と、行（行うこと）はひとつとする「知行合一」、あるいは「致良知」を実践倫理として生きた思想家であった。さらにその思想の根底には、生涯にわたって「一君万民」という過激な倒幕思想があった。国家は天皇が治めるものであり、その支配下で万民は平等になるという考え方である。

松陰の最期と史伝を著した古川薫の名著『吉田松陰　留魂録』（講談社学術文庫）のあとがきには、

「安政五年、松下村塾に在籍した主要な顔ぶれ三十人を並べて調べると、明治まで生き残ったのは半数にしかすぎず、あとは割腹自殺八、陣没三、討死二、斬首一、獄死一といった殉職者だ。やはり衝撃的な事実である」

という驚くべき数字が出てくる。心血を注いだ松陰の遺書が、いかに激烈、かつ深刻な影響を門下生に与えたかを物語る事実である。

松陰が最後に到達していたといわれる思想のひとつに「至誠留魂」という考えがあった。真心をもって事にあたれば、おのずから自分の志（こころざし）を継ぐ者が現われて、道は拓けていくという考えである。

彼は一死を賭けて憂国の情を後世に托した。最期に残したダイイング・メッセージは、その後門下生だけでなく広く日本各地の勤王の志士たちの間にもその意志が伝播（でんぱ）されていき、明治維新の大業を推し進める巨大な原動力となっていった。わずか三十歳という若さで松陰が幕末を駆け抜けていった九年後、日本は明治という新時代を迎え、後世の歴史によってその死が徒死（あだじに）ではなかったことが証明されることになった。

●旧薩摩藩士、明治の軍人、政治家

西郷隆盛（さいごうたかもり）

一八二八〜一八七七

もう、こん辺（あたり）でよかろ

日本の印刷局で雇ったイタリア人画家キヨッソーネが描いた肖像。（近現代PL／アフロ）

刺客相手に馬鹿話に興じる

勝海舟が維新の英傑を語った回想録『氷川清話』に、西郷隆盛が登場している。後に茨城県知事になる人見寧という人物が、ある日、西郷宛の紹介状を書いてほしいと海舟邸を訪ねてくる。雑談して、本心は刺殺しに行くつもりだと見破った海舟は、厳封した紹介状に、「この男は足下を刺すはずだが、まず会ってやってくれ」としたためて手渡してやった。

男が薩摩の西郷邸を訪ねると、一読した側近が驚いて西郷に知らせたが、「勝からの紹介なら会ってみよう」と、横臥していた玄関先でゆうゆうと起き上がって客を迎えた。

「私が吉之助だが、私は天下の大勢などというむつかしいことは知らない。まあお聞きなさい。先日私は大隅（半島）の方へ旅行した。その途中、腹がへってたまらぬから十六文で芋を買って食ったが、たかが十六文で腹を養うような吉之助に、天下の形勢などというものがわかるはずがないではないか」

と、大口を開けて笑った。

刺客を相手に馬鹿話に興じる西郷の剛胆さに、度肝を抜かれた男は気をのまれて、殺すどころか挨拶もせずに逃げ帰った。後年、人見は勝海舟に、「西郷さんは、いや実に豪傑だった」と洩らしたという。

維新の立役者、西郷隆盛が「征韓論争」に敗れて、明治政府を去って鹿児島に下野した頃の逸話である。

維新の巨星、五十一歳の最期

「ただいま賊の根拠を陥れ、西郷隆盛など戦死せり」

明治十年（一八七七）九月二十四日、『東京日日新聞』の号外が東京街頭に舞った。号外には、「國敵の滅亡を祝せん」などと、西南戦争の終結を告げる文字が躍っていた。

翌朝の新聞各紙は明治政府に叛乱を起こし、鹿児島で蜂起して敗れた西郷隆盛の最期を報じた。（以下は『大西郷全集・第三巻』、江藤淳著『完本・南洲残影』による）

九月二十四日、午前三時五十五分。すでに数千という兵で鹿児島の城山を二重、三重に取り囲んでいた政府軍が、三発の銃声を合図に一斉に総攻撃の火ぶたを切った。

政府軍のすべての降伏勧告を拒否して、城山の洞窟にたて籠もって応戦していた西郷隆盛と、桐野利秋以下の将兵は整列したあと、敵のいる岩崎谷口に向かって整然と下山しはじめた。三面の山上から一斉射撃する政府軍の弾火が降りそそぐなかで一人、また一人と

明治十年の西南戦争中、軍費調達のため二十四万円も発行された「西郷札」（写真提供／時事）

斃れていく。

思わず配下の別府晋介が、「こゝらで如何でせう」と訊いたが、西郷は「まだまだ、本道に出てから立派に死のう」と答えてさらに先に進んだ。

行くこと一丁あまり、三方から集中する弾丸はますます激しくなった。このとき山上からの流れ弾が西郷の股と腹に命中した。

「もう、こん辺でよかろ」

その場に端座して襟もとをつくろった西郷は、双手を合わせて遥か帝のいる東方を拝した。

負傷して輿に乗っていた別府晋介は、「そうでごあすか」と、地に降り、「ご免なってたもんせ」と、ひと声かけてから一刀を振り下ろした。

このとき、明治十年（一八七七）九月二十四日午前七時すぎ。明治維新の巨星・西郷隆盛、五十一歳の最期であった。

　自裁した背丈百八十センチ、体重百十キロの顔のない遺骸を城山で収容したのは、幼少から西郷に私淑していた政府軍の少佐である。右腕の古傷と巨大な睾丸によって本人を確認したという。

　実は西郷の首級は敵の手に渡ることを恐れた従僕の吉右衛門の手で、自決した傍らの屋敷の門前にひそかに埋められていた。だが遊撃大隊の一兵卒によって発見され、かつて政府高官として朋友であり、今回の討伐戦の最高責任者であった山縣有朋のもとに届けられた。

　山縣は砂にまみれた西郷の首を清水で浄めさせると、両手にいただいて、「ああ、実に立派な死に様だ。少しも平生の温和な容貌と異なっていない」と、しばし落涙した。

　戦いが終わった午後九時ごろから城山には沛然と雨が降りはじめ、戦場を染めていた西郷軍の私兵の血を跡形もなく洗い流していった……。

征韓論をめぐる政府内の対立

「胸痛の煩ひこれあり、迚も奉職罷り在り候儀相かなはず候に付、本官並び兼任御免仰付けられ度く願ひ奉り候……」

西南戦争の起こる三年前、「征韓論」をめぐって一部閣僚と対立して敗れた西郷隆盛は、朝廷に辞表を出すと薩摩に帰郷して野人となった。（田中惣五郎著『西郷隆盛』吉川弘文館）

当時の「征韓論」をめぐる政府内での紛糾は錯雑である。

新政府発足以来、歴史的に紛争の火種をかかえている隣国・朝鮮との国交はまだ樹立していなかった。公然とわが国を無法国呼ばわりして侮辱し、外交上の交渉を拒否する朝鮮に対して、「非礼を糺すために陸軍、あるいは軍艦を派遣して談判する出兵の処分が必要である」という強硬論が政府内にはあった。

しかし西郷は軍艦や兵を派遣することに猛然と反対し、まずはわが国の使節が烏帽子直垂の礼冠礼服の装束で朝鮮に渡り、礼をつくして外交交渉すべきだと主張した。

そのうえで朝鮮への使節としては自らが赴くと申し出た。

後年発見された史料から、このとき西郷はすでに死を覚悟していたことが明らかになっている。参議・板垣退助に内密に送った書状がある。

「もし軍隊を先に派遣すればただちに開戦となり、日本が挑発して戦いを醸成したことになり国際的にも不都合である。まずは使節を派遣することが上策である。さすれば朝鮮が使節を謀殺(ぼうさつ)することは明白である。この謀殺事件ではじめて彼(か)の国を討伐するための軍隊派遣の大義名分が立つ。そのためには何とぞ自分を使節として派遣していただきたい」

さらに後日の閣議では、「死なせては不憫(ふびん)などと、若(も)しや姑息(こそく)の心を起こし下(くだ)されては、何も相叶(あいかな)い申さず候(そうろう)」、「振り切りて差し遣(つか)わし下(くだ)され候」と強く訴えている。

大使派遣は西郷でほぼ内定していたが、外遊中の岩倉具視(ともみ)使節団の帰国後、事態は一変する。使節派遣は否決され、西郷は参議および兼任官職など一切の職を辞して、「再勤(さいきん)のつもり決してござなく候」と言い捨てて故郷鹿児島に下野してしまった。

朝廷の役人は泥棒なり

新国家建設のため一命を賭して働いてきた西郷だが、明治新政府の実態や政策には、根本的な違和感と不満をいだいていた。言行録『南洲翁遺訓』や『犬塚報告書』にはその批判が遺されている。（以下は猪飼隆明著『西郷隆盛』岩波新書参照）

痛烈な批判の一つは、新政府の高官たちの私利私欲の生活である。職事に勤労して人民の標準となるべきものが、「草創の始めに立ちながら、家屋を飾り、衣服を文(かざ)り、妾(めかけ)を抱えて、蓄財を謀っている」。これでは、維新の功業は遂げられない。（『遺訓』）

「朝廷の御役人は何を致し居り候と思い候や、多分は月給を貪り、大名屋敷に住居致し、何一つ職事揚がり申さず悪敷申せば泥棒なり」（『犬塚報告書』）とまで痛罵している。だが西郷がいだく最大の批判の根幹には、明治新政府が推進する文明開化政策があった。

「……電信を懸け、鉄道を敷き、蒸気仕掛けの器械を造立し、人の耳目を聳動すれども、何故に電信鉄道の無くては叶わぬぞ、欠くべからざるものぞという処に目を注がず、猥りに外国の盛大を羨み、利害得失を論ぜず、家屋の構造より玩弄物に至るまで一々外国を仰ぎ、奢侈の風を長じ、財用を浪費せば、国力疲弊し、人心浮薄に流れ、結局日本身代限りの外ある間敷也」（『遺訓』）

さらに『南洲翁遺訓』には、こうした浮薄な政策を推進する国家財源にかかわる重大な指摘があった。国の歳入と歳出問題について、「時勢に制せられ、制限を慢にし、出づるを見て入るを計りなば、民の膏血を絞るの外あるまじ」と、〝文明開化政策〟が人民を苦しめる重税政策につながることを警告している。「膏血」は国民が汗や血を流して稼いだ利益、財産である。

まもなく西郷の危惧は的中し、新政府が農民に課した高い地税や、維新以来、藩から支給される俸禄を失って困窮する旧士族の不満や怒りから、各地で農民一揆や旧士族の暴動が頻発するようになっていく。いつしか西郷は地元王国の支配者に祀（まつ）りあげられ、ついに全国の反政府勢力の巨魁（きょかい）として中央から恐れられる存在になっていった。

明治十年、西南戦争が勃発

下野した西郷は維新後失職して困窮する地元の士族子弟の救済のため、銃隊、砲隊教育を旨（むね）とする私学校（しがっこう）を鹿児島城厩（うまや）跡に創設していた。そして、重要役職を提示して再三出仕をうながす中央政府の要請を、

「どろぼふの仲ケ間（なかま）に成（な）れと申す事、甚（はなはだ）我を賤（いや）しめ候事（そうろうこと）に之（これ）なきや」

と語って、すべて拒絶した。

西南戦争は、公職を退いて帰郷した三年三か月後に勃発（ぼっぱつ）している。

明治十年一月、西郷の叛乱を恐れた新政府が、鹿児島の陸軍省保管の武器弾薬を搬出しようとした。その動きを察知して激怒した私学校生徒が、陸軍火薬庫を襲撃して兵器弾薬を略奪したことが発端となった。

事件を知った西郷は「しもた（しまった）」と嘆息したが、私学校幹部会で出兵が決議されると、「おいの体（からだ）は差しあげもそ」と、若い子弟と運命をともにする覚悟を定めた。

帝都では叛乱を知った政府の奉上で、ただちに西郷軍征討の朝命が下り、有栖川宮熾仁親王を征討総督として五万を越える大軍が熊本鎮台に派兵された。征討総大将の陸軍参謀は山縣有朋である。

大軍を率いて政府を尋問

二月十五日早暁、鹿児島は前日から降りつづいた雪が七、八寸も積もり、実に五十年ぶりの大雪となった。雪のなかを西郷の私学校軍は大砲隊まで従えた一万三千名の兵を率い、政府軍の駐屯する熊本鎮台に向かって一路行軍を開始した。

その前後、西郷が熊本鎮台司令長官に送ったとされる照会状が残っている。

「拙者儀、今般政府へ尋問の廉有之、明後十七日県下発程、陸軍少将桐野利秋、陸軍少将篠原国幹、及旧兵隊の者共随行致候間、其台下通行の節は、兵隊整列指揮を可被受、此段照会に及候也」

西郷は大軍を率いて東上して、何事を中央政府に「尋問」するつもりだったのか。

当時の関係者は、千円の賞金を懸けて刺客を派遣した新政府の「西郷暗殺計画」を挙げているが、あの憂国の大人物がわが一身にかかわる事件のために、一万を超える兵を率いて上京するとは考えがたい。

もともと照会状は、「（賊軍である）わが軍が御地を通行する際、政府軍の兵隊を整列指揮させて迎えよ」などの傲岸不遜な文面から、県庁職員の代筆だったという説が根強い。

だが、「尋問の廉有之」という一条だけは、当時の史料に照らして西郷の本意だったことに間違いない。前掲した新政府の維新後の政治腐敗への国民の不満や怒りを、上京して中央政府に正面きって尋問する腹づもりだったのであろう。

夜空に軍服姿の西郷星

開戦から二百余日、万策尽きた西郷軍が城山にたて籠もって玉砕した前後から、東京、大阪などで怪しい噂が立つようになった。

「毎夜八時頃より大なる一星光々として顕はる、夜更るに随ひ明らかなること鏡の如し、識者是を見んと千里鏡を以て写せしが其形人にして大礼服を着し、右手には新政厚徳の旗を携へ、傲然として馬上にあり、衆人拝して西郷星と称し、信心する者少なからず」（『奇態流行史』）

各新聞は、「夜ごと辰巳（南東）の方角の夜空に赫色の星が現れ、これを望遠鏡で覗くと、西郷隆盛が陸軍大将の官服を着ているのが見える」(『大坂日報』)と報じ、さらに「憤怒のあまり、心火たちまち燃え、ついに火星となりたる」と解説した新聞(『朝野新聞』)もある。一部には「西郷隆盛が討死せしとは世間の空事、実は印度の一島に姿を隠しいたり」(『郵便報知新聞』)と、英傑への愛惜をこめて生存説を報じた新聞さえあった。

第2章

壮絶な死を遂げた明治の文豪

夏目漱石／石川啄木／正岡子規

夏目漱石（なつめそうせき）

●明治・大正の小説家、英文学者

一八六七～一九一六

いいよいいよ、
泣いてもいいよ。

明治天皇崩御の年の肖像写真。
（毎日新聞社／時事通信フォト）

教え子が最期を看取った

大正五年（一九一六）十二月九日夕刻、夏目漱石が四十九歳で世を去った。

翌朝の東京朝日新聞で主治医の真鍋嘉一郎（まなべかいちろう）教授（東京帝国大学医学部）が臨終の様子を語っている。

〈午後三時食塩注射を行ふと呼吸もおだやかになり脈拍も減少したが間もなく再び呼吸が切迫し「水と葡萄（ぶどう）をくれ」といはれ、しきりに胸の苦痛を訴へて「早く胸と頭を冷やせ」と促（うなが）された。ときに午後五時半頃であつたが、六時になると「苦しいから注射をしてくれ、死ぬと困るから」といはれた。

之によつてみると先生は此時まで死を覚悟して居られなかつたやうである。それから水をぶつかけてくれとせがまれたが、それもならぬので看護婦が手拭いを湿して顔をなでると先生は声を荒げて怒られた。看護婦も止むなく水を含んで顔一面に吹きかけてあげた。するると先生は物静かに「有難い」と一口いはれた。

之が実に先生の最後の言葉であつた。之と同時に脈も出なくなり、六時四十分には言葉もつくされぬ苦痛が起つて遂に死の状態に陥（おちい）られ、六時五十分命息を引取られた〉

ちなみに最期を看取った真鍋教授は、「坊っちゃん」の舞台となった愛媛県松山中学の教え子であった。
　この主治医が語った「死ぬと困るから」という言葉をめぐって、漱石を神格化していた門下から批判の声が上がった。弟子のひとり、林原耕三（はやしばらこうぞう）は主治医の真鍋教授をこう非難している。（『漱石山房の人々』）
「優れた医者だつたかも知れぬが、思想的にはオンチであつた。……世間では気骨家のように言われていたが、実は小児的な一種のはつたり屋であつたと私は思っている」
　だが漱石は神としてその生涯を生きたわけではない。人が担（にな）い得る〝生の十字架の重み〟を一身に背負って歩んだ巨人だったのである。

幼少時の不幸な体験の影

　漱石の生い立ちは複雑である。

　明治前年の慶応三年（一八六七）、江戸牛込馬場下（うしごめばばした）の町方名主の五男三女の末っ子に生まれている。後妻に入った漱石の母は江戸からつづく質商の息女とされているが、その出自をめぐっては新宿仲町の遊女屋の娘だったという説もある。（門人・小宮豊隆『夏目漱石』）

漱石が小説『吾輩は猫である』を書いた東京・文京区千駄木町の住居。以前は森鷗外の旧居であった。現在は明治村に移築。（写真提供／時事）

生後まもなく古道具屋に里子に出され、夜店で笊（ざる）に入れて育てられたが、見かけた姉があまりの哀れさに生家に連れ戻したといわれている。

ほどなく四谷の名主夫婦のもとに養子に出されるが、養父母の離婚によって再び生家に帰された。このとき養父が漱石の戸籍を夏目家に返すことを拒み、二十歳過ぎの金銭的解決まで両家の係争がつづいた。（漱石の『道草』に詳しい）

これら幼少時の不幸な体験は、漱石のその後の人生に長く暗い影を落としていくことになる。

大学予備門から帝国大学英文科に入学し、卒業後、大学院に進んだ青春時代にも、あたかも生い立ちの影から逃れるように居所を転々とし強度の神経衰弱にとりつかれながら、禅寺の山門をくぐっては参禅し不安と焦燥に苦しむ日々を送っている。

大学予備門同窓の正岡子規（まさおかしき）に宛てた当時の手紙には、「理性と感情の戦争激しく……運命の定まるまでは安心立命到底無覚束候（おぼつかなくそうろう）」と、苦しい胸中を訴える一節がある。

やがて愛媛県松山中学に田舎教師として就職するが、二十九歳になったとき貴族院書記官長の長女中根鏡子（なかねきょうこ）と見合いして婚約する。それを機に松山から熊本五高教授に転任し、家賃八円の借家で身内だけの結婚式を挙げて新妻を迎えた。

このときから文豪の有名な「悪妻伝説」がはじまる。新婚まもなくから二十歳の新妻のヒステリーに悩まされ、あるときは悪阻（つわり）による発作から川に身を投げて、危うく漁師に助け出されるという自殺未遂事件にも巻きこまれている。

漱石自身も神経衰弱から家庭内で再三夫人を怒鳴りつけ、手当たり次第に物を投げつけ、何度か離縁状を書く騒動をひき起こしている。

晩年の日記にも下女と結託して、陰湿な心理戦を仕掛けてくる夫人に苛立（いらだ）つ記述が度々あり、金銭的にルーズな妻にあきれた漱石が自らつけた大正三年（一九一四）の家計簿も現存する。

しかし、夫婦の仲は単純ではない。鏡子夫人の悪妻説を文豪の日記や書簡の記述から一方的に断じるのは順当ではない。妻を疎んじつつ慈しんでいたのであろう。漱石は二十年にわたる結婚生活で、十歳年下の鏡子夫人との間に二男五女（一女は夭折）の愛児をもうけているのである。

読者を熱狂させた新聞小説

「英語研究ノ為満二年間英国へ留学ヲ命ス――」。熊本在職中の三十四歳のとき、文部省の命令で妻子を置いて英国に留学することになった。

留学中は食費にも事欠くわずかの官費と、異国での強い孤独と不安から何度か心のバランスを崩している。一時は文部省が「夏目精神に異常有り、保護して帰朝せらるべし」と、漱石の同輩に電報を打ったほど深刻な症状だったと伝えられる。

ロンドンではビスケットをかじり下宿に籠もって英文学研究に没頭しているが、そのころ草稿執筆した『文学論』には「（官命によって行きたる）余は、生涯英国の地に一歩も吾足を踏み入るゝ事なかるべし」と、悪態にちかい序文が付されている。

「尤も不愉快な二年」を過ごして帰国した漱石は、東京の実家の隠居所で、破れ畳にぼろをまとって暮らす妻と四人の子の姿を見て愕然とする。ただちに職を求めて高等学校や帝国大学に勤めはじめるが、持病の神経衰弱は悪化の一途をたどっていた。

処女作『吾輩は猫である』は俳人高浜虚子（きょし）のすすめで、神経を鎮（しず）めるために俳句誌『ホトトギス』に執筆したものだった。だが連載を開始すると三百部の同誌はまたたく間に部数八千部に達し、つづいて発表した『坊っちゃん』も前作以上の評判で発売当日完売する騒ぎとなった。

次作『草枕（くさまくら）』は小さな出版社の文芸誌に掲載されたが、現在でも大学入試の出題率第一位というこの作品はわずか一週間で書き上げられている。

「智に働けば角が立つ。情に棹（さお）させば流される。意地を通せば窮屈だ。兎角（とかく）に人の世は住みにくい……」

当時の多くの男女がこの冒頭の一節を愛誦（あいしょう）し、文中の「非人情」という造語が帝都の流行語となった。

「大学では講師として年俸八百円を頂戴していた。子供が多くて家賃が高くて八百円ではとうてい暮らせない。……新聞社の方では教師としてかせぐことは禁じられた。その代わり米塩の資に窮せぬ給料をくれる」

明治四十年（一九〇七）五月、東京朝日新聞紙上にこんな入社の辞を載せた四十一歳の漱石は、年一作の連載小説を執筆する契約で新聞社の社員となった。
第一作には新しい時代の男女の愛の葛藤（かっとう）を追求した美文調の『虞美人草（ぐびじんそう）』を発表したが、たちまち当時人気絶頂だった尾崎紅葉（こうよう）の『金色夜叉（こんじきやしゃ）』と人気を二分する新聞小説となり、帝都の読者を熱狂させた。翌年から『三四郎』『それから』『門』など、愛と孤独をめぐる三部作を堰（せき）をきって迸（ほとばし）る水勢のように発表すると、漱石ブームが巻き起こり、一日二百通を越える読者の手紙が全国から自宅に届いた。

官位を拒んで文部省と対立

「九月二十六日（月）妻から失神中の事をきく。失神中にも血を吐いて妻の肩へおくれる由（よし）。その時間は三十分位注射器十六筒（とう）という。（中略）（危篤の）電報をかけるのに手がふるえて字が書けなかった由。余の見たる吐血は僅かに一部分なりしなり。なるほどそれでは危険なはずである」（明治四十三年の「漱石日記」）

一作ごとに文名の上がる最盛期の漱石に突然人生最大の危機が訪れる。

夏の終わりから宿痾（しゅくあ）だった胃潰瘍（いかいよう）が悪化して伊豆修善寺温泉で転地療養していたが、病状が急変して重篤（じゅうとく）となり多量の吐血をくり返して生死の境をさまようようになった。

その後も一進一退の病状が二か月ほどつづいたが、からくも秋には奇跡的に危機を脱して病状が回復し、都内で入院加療することになる。

この病院を退院する直前、事件が起きた。文部省から文学博士号授与の通知が自宅に届いたのである。漱石は即刻辞退する旨返報した。

「今日迄ただの夏目なにがしとして世を渡って参りましたし、是から先も矢張りただの夏目なにがしで暮らしたい希望を持って居ります。従つて私は博士の学位を頂きたくない」

発令済みの文部省はこれを認めず、激しい対立がつづくがついに拒絶し通した。官位を拒んで一介の文士に徹する漱石に世間は大喝采した。

この一件以前にも、ときの総理大臣西園寺公望（さいおんじきんもち）が錚々（そうそう）たる文学者を自邸に招く雨声会（うせいかい）に招待されたとき、漱石は「時鳥厠（ほととぎすかわや）なかばに出かねたり」の一句を添えて謝絶している。

門下生に語った晩年の思想

年譜をたどると、数え年の四十一歳からはじまった漱石の本格的作家活動は生涯わずか十年間にすぎない。残された人生を秒読み（カウントダウン）するかのように、その後も『彼岸過迄（ひがんすぎまで）』『行人（こうじん）』『こころ』など魂の深奥（しんおう）にふれる後期傑作を性急に世に問いつづけている。

大正五年晩春、いよいよ個人のエゴイズムとその克服を追求する最後の大作『明暗』の新聞連載にとりかかる。そのころ門下生の芥川龍之介などには、すでに「則天去私」（私を去って、天にのっとって生きる）という最晩年の心境について語っていたというが、実生活では糖尿病や胃潰瘍による吐血、下血に苦しみ、日々の執筆に難渋していた。

亡くなる十八日前には『明暗』の第百八十八回目の連載原稿を書き上げた。現存する原稿のペン字は力がなく、最後の二行は消えいるようにインクが薄れている。その翌朝も書斎に入ったが、原稿用紙の右肩に小さく１８９と次回の連載回数を記しただけで、机に俯せになって倒れているところを女中に発見された。

二年ほど前から漱石は若い門人たちにこんなことを語っていた。

「……死は僕にとりて一番目出度い。生の時に起こつた、あらゆる幸福な事件より目出度い」（松浦嘉一『木曜会の思い出』）

半世紀にわたって担っていた重い十字架を漱石は肩から下ろした。

臨終の枕辺で末娘にひと言

大正五年十二月九日、門外まで見舞客が溢れる漱石邸の一部始終を、鏡子夫人が『漱石の思い出』の中で語っている。

すぐ近くの小学校に通う末娘の愛子が臨終の枕辺(まくらべ)に連れてこられたが、あまりにも面(おも)やつれした父の顔を見てしくしく泣き出したという。

「私がこんなところで泣くんじゃないとなだめますと、それがきこえたとみえて、目をつぶったまま、いいよいいよ、泣いてもいいよ、と申しました」

末娘にやさしい声をかけてから半日を待たずして、漱石は四十九歳十か月でこの世を去った。凪のない小春日和の冬の日が暮れた午後六時五十分ごろのことであった。

文豪の次男夏目伸六(しんろく)は、逝ったばかりの死顔を心に強く焼きつけてから父を送り出した。

「……これでようやく父も、終生望んで、遂に得られなかった悲願の境地、何物にも煩(わずら)わされぬ、本来自然の美しい心境に到達することが出来たのだという気持を、不思議と、この冥土の父の姿から感じるのである」(『父・夏目漱石』)

その一方で漱石が亡くなった深夜、遺体のかたわらに坐っていた鏡子夫人は主治医の真鍋教授にこう話しかけた。

「私としましては先生方からこれだけに尽くしていただければまったくお礼の申し上げようもないのでございます。ただここで一つお願いがございます。というのはほかでもございませんが、どうか私どものお礼心までに、この死体をおあずけいたしますから、大学で解剖してくださいませんか」

翌朝、遺体は寝台車で東京帝国大学附属病院に運ばれ、長與又郎博士によって執刀解剖された。夫人の申し出による解剖所見が、後日、「日本消化器病学会雑誌」別冊に発表された。

夏目先生ノ脳ハ普通ノ人ノ平均ヨリハ少シ重カッタノデアリマス。日本人ノ男子ノ脳ノ平均重量ハ（中略）オヨソ大脳小脳ト共ニ千三百五十グラムバカリアル、ソレガ夏目サンハ千四百二十五グラムアリマシタ。平均ヨリハヤヤ重イ……。

石川啄木（いしかわたくぼく）

●流浪の天才歌人、詩人の生涯

一八八六～一九一二

呼吸（いき）すれば、
胸の中（うち）にて鳴る音（おと）あり。
凩（こがらし）よりもさびしきその音！

明治四十一年、上京する直前、二十三歳の石川啄木。

人生の岐路に立つ若き詩人

明治四十一年（一九〇八）四月、北海道各地を転々と流浪した果てに、逃れるようにして東京にたどり着いた啄木が、森鷗外に宛てた一通の手紙がある。

「海氷る御国のはてまでも流れあるき候ふ末、いかにしても今一度、是非に今一度、東京に出て自らの文学的運命を極度まで試験せねばと決心しては矢も楯もたまらず、養はねばならぬ家族をも当分函館の友人に頼み置きて、単身緑の都には入り候……」

妻子を捨てて単身上京した出奔は、自らの文学的成功を賭けた最後の挑戦であった。

人生の岐路に立つ二十三歳の詩人が、そのころの切羽詰まった心境を詠んだ歌がある。

　高きより飛びおりるごとき心もて
　この一生を
　終るすべなきか

だがこのとき非運の詩人には、その後、わずか四年の人生が残されていただけであった。

石をもて追わるるごとく

明治二十年（一八八七）、東北の禅寺の住職であった父親は、一家を連れて岩手県の寒村渋民村の寺に移り住んだ。啄木、二歳のときである。

小・中学校時代から地元で神童と呼ばれて育った啄木は、明治文壇に新風を巻き起こした与謝野鉄幹、晶子の詩誌『明星』に十代から詩歌を投稿し、二十前後には上京して森鷗外、夏目漱石など一流の文人とも交わり、天才詩人と呼ばれていた。

この若年の成功で得意の絶頂にあったとき、禅寺僧職の父親が檀家の宗費を怠納して、本山から罷免され一家の暮らしが破綻してしまった。

二十歳で恋愛結婚していた啄木は一家の生計を支えるために、月給八円の尋常小学校代用教員として就職する。

この教職生活中に即席の革命歌を高等科の生徒に歌わせて煽動し、反目する校長を追放するストライキ騒動をひき起こしている。啄木の過激な言動は旧弊な寒村の村民の強い反感を買って、〝石をもて追わるるごとく〟故郷を放逐されてしまった。

東海の小島の磯の白砂に
われ泣きぬれて
蟹とたはむる

失職し一家離散し、海峡の町・函館に逃れた啄木が詠んだ歌である。

まもなくその地に妻子、母、妹を故郷から呼び寄せ、代用教員や新聞記者として働きはじめるが、わずか五か月で函館の町を壊滅させた歴史的大火が起こり再び失業する。以降一年足らずの間に札幌、小樽、釧路と職を求め、職を変えながら北国を転々とするが、二十三歳の春、窮迫した啄木は家族を函館に置き去りにして東京に出奔した。

二十歳で恋愛結婚をした妻・節子と。（写真提供／近現代PL／アフロ）

八方塞がりのどん底生活

上京後、啄木は新進気鋭の作家として新聞、雑誌に詩歌、小説、評論などを次々と発表。さらに新聞歌壇の選者などもつとめている。

一見、繁忙にみえる生活だったが文学活動からは些細な原稿料しか得られず、友人知人から借金を重ねる生活をつづけていた。

はたらけど

はたらけど猶（なお）わが生活楽（くらしらく）にならざり
ぢつと手を見る

自らの才能を信じ天才をもって任じながら、いっぽう食費にも事欠く困窮生活を送っていた上京二年目に本郷の下宿で喀血（かっけつ）した。宿痾（しゅくあ）の肺結核の発症である。

さらに不運は重なる。

まさにその時期、函館の知人宅に預けた妻子、母、妹が北国での生活に行きづまってにわかに上京してくる。追い打ちをかけるように、家出して行方不明だった父親が一家が間借りする床屋二階の二間に転がりこんできた。

わずかの収入を頼りにどん底の生活を送っていた詩人の痩せた肩に、妻と幼いわが子の面倒、母と妹の生活、嫁姑の不和、元住職であった偏屈な父親との確執など、一家扶養の重圧がいち時にのしかかってくる。

明治、大正の多くの若者の心を捉（とら）え一躍啄木を高名にした歌集『一握（いちあく）の砂（すな）』は、そんな八方塞（ふさ）がりの暮らしの中から生まれた。

出版準備の最中に誕生した長男真一はわずか二十日生きただけで世を去った。歌集序文には悲痛な啄木の思いが綴（つづ）られている。

「……また一本をとりて亡児真一に手向く。この集の稿本を書肆の手に渡したるは汝の生まれたる朝なりき。この集の稿料は汝の薬餌となりたり。而してこの集の見本刷を閲したるは汝の火葬の夜なりき」と。

秘密の行状を記したローマ字日記

啄木には十七歳のときから二十七歳で窮死するまで、十年間にわたって書きつづけた数十冊の日記がある。

臨終の床で啄木は親友の金田一京助にこれらの日記について、

「僕が死んだらあの日記はきみの判断で焼くなり、残すなりしてほしい」

と、言い残していた。だが詩人の死後、原稿や日記などの遺品は別の知人から妻の節子に手渡された。

「啄木が焼けと申したのは知っていますが、私の愛着がそうはさせませんでした」

と、彼女は生前まわりに語っていた。夫が死去したとき妊娠八か月の身重だったが、二か月後、無事に女児出産。その一年後、函館の実家で肺結核のためにわずか二十八歳の若さで夫の後を追っている。

だが死の直前、亡夫の遺稿のいっさいを市立函館図書館に寄与するよう義弟に指示していた。未亡人のこの配慮によって啄木の資料はその後の散逸、紛失を免れたのである。なかでも『ローマ字日記』と名づけられた一冊の日記は、後年まで啄木研究の題材として国文学者の間で再三論じられることになる。

当時新流行のローマ字という新言語を独学でマスターして、黒クロース装のノートに横書きされたこの日記は、明治四十二年（一九〇九）四月七日から六月十六日までのわずかな日数の記録だが、そこには極めてリアルに当時の詩人の秘密の私生活が書き留められていた。函館図書館でも戦後まで他の社会主義関連の資料とともに非公開だったのだが、他見をはばかる遊廓や私娼窟（ししょうくつ）での行状が赤裸々（せきらら）に描写されていることで有名である。

天才詩人の文学的愉悦

日記をローマ字で書いた理由を啄木は文中でこう説明している。

（そんならなぜこの日記をローマ字で書くことにしたか？　なぜだ？　予は妻を愛してる。愛してるからこそこの日記を読ませたくないのだ。……しかしこれはうそだ！　愛してるのも事実、読ませたくないのも事実だが、この二つは必ずしも関係していない）

「ローマ字会」が日本に設立されてまだ十七年しか経っていなかったこの新言語を、妻の節子が解読できたとは思えない。

六人家族が雑居する下宿の片隅で秘密の私生活をローマ字で記録することだけが、悲惨な日常から束の間逃避できる天才詩人の唯一の文学的愉悦の一刻（ひととき）だったのであろう。

以下は、ローマ字日記に記載されている啄木のある日の行状である。

Ikura ka no kane no aru toki, Yo wa nan no tamerô koto naku, kano, Midara na Koe ni mitita, semai, kitanai, Mati ni itta. Yo wa Kyonen no Aki kara Imamade ni, oyoso 13-4 kwai mo itta, sosite 10 nin bakari no Inbaihu wo katta. Mitu, Masa, Kiyo, Mine, Tuyu, Hana, Aki……… Na wo wasureta no mo aru. Yono motometa no wa atatakai, yawarakai, massiro na karada da. ……Sikasi sorera no Onna wa, ya-ya Tosino itta no mo, mada 16 gurai no hon no Kodomo nano mo, dore datte nan-byaku nin, nan- zen ninno Otoko to neta no bakari da. Kao ni Tuya ga naku, Hada wa tumetaku arete, Otoko to yu mono ni wa narekitte iru, nan no Sigeki mo kanjinai. Waduka no kane wo totte sono inbu wo tyotto Otoko ni kasu dake da.

この九行だけをピックアップすると、あるいは日記に対してインモラル、放縦（ほうしょう）などの偏った批判が起こるかもしれない。

『啄木・ローマ字日記』（岩波文庫）を編訳した桑原武夫氏はその解説で、日記はローマ字という新言語を駆使した詩人啄木の実生活上の実験、あるいは文学実験の報告であり、「ローマ字日記は未熟な面をのこしながらも啄木の全要素をふくむものであり、日本の日記文学中の最高峰の一つといえるが実はそれではいい足りない。いままで不当に無視されてきたが、この作品は日本近代文学の最高傑作の一つに数えこまねばならない」とまで誌（しる）して、明治の天才詩人の秘密日記に最上級の賛辞をおくっている。

悲痛な独り言から始まる歌集

明治四十五年早春、短い生涯の最後の年。啄木とその一家の悲惨な暮らしは、すでに誰の手によっても救いようのないほど困窮のどん底に突き落とされていた。

薬代が滞（とどこお）って医者も往診に来てくれないと嘆く啄木のもとに、親しい友人が最後の歌集『悲しき玩具』の稿料を届けにきてくれた。出版社から前借りしてくれた印税だった。

病床から顔を上げた啄木は、

「これからも頼むぞ」

と、か細い声で哀願した。

詩集『悲しき玩具』が出版されたのは啄木の没後であった。

　呼吸（いき）すれば、
　胸の中（うち）にて鳴る音あり。
　凩（こがらし）よりもさびしきその音！

死の二か月後に刊行された最後の歌集はこの悲痛な独り言からはじまっている……。

やがて十七歳から十年間にわたって書きつづけられてきた啄木の日記は、以下の明治四十五年二月二十日の記述をもって終わりをつげる。

「……さうしてる間にも金はドン〳〵なくなつた。母の薬代や私の薬代が一日約四十銭弱の割合でかゝつた。質屋から出して仕立直さした袷（あわせ）と下着とは、たつた一晩家においただけでまた質屋へやられた。その金も尽きて妻の帯も同じ運命に逢つた。医者は薬価の月末払いを承諾してくれなかつた。母の容態は昨今少し可（よ）いやうに見える。然（しか）し食慾は減じた」

日記はここで途切れている。以下のページは余白のままである。

その前年、結核を恐れる床屋の女主人に追われて小石川の借家に移っていた。喀血のつづく母の病状は日を追って悪化していき、移転からほぼ半年後ついに逝去した。

重篤な病床にあった啄木は、この母の死に大きな衝撃を受け、みるみる衰弱が激しくなっていった。

桜の落花を拾って遊ぶ長女

満開の桜が風に舞う朝であった。

明治四十五年四月十三日、九時三十分。啄木は妻や老父に看取られて二十七年の生涯を閉じた。

この朝、啄木の妻・節子の急報で病床に駆けつけた若き歌人若山牧水(ぼくすい)が、友の臨終をこう記している。

「節子さんも枕頭(ちんとう)を離れて、それから幾分もたたなかったろう。彼の容体は、また一変した、話しかけていた唇をそのままに、次第に瞳があやしくなって来た。私はあわてて細君を呼んだ。細君と、その時まで次の部屋に退いて出て来なかった厳父とが出てきた。私は頼まれて危篤の電報を打ちに郵便局まで走ってきてもなおその昏睡は続いていた。細君たちは口うつしに薬を注ぐやら唇を濡らすやら、名を呼ぶやらしていたが、私はふとその場に彼の長女がいないのに気がついて、それを探しに戸外に出た。そして門口で桜の落花をひろって遊んでいた彼女を抱いて引き返してきたときには、老父と細君とが前後から石川君を抱きかかえて、低いながら声をたてて泣いていた。老父は私を見ると、かたちを改めて『もう駄目です』といった。……なんというあわただしい臨終だろうと、今までと場所をかえて、ひっそりと置きすてられている彼の遺骸のそばに坐しながら、かぶせてあった毛布を少し引いて彼の顔を見ていると、生前と少しも変らぬ様子にしか感じられぬのであった」

啄木の死後遺族に遺されたものは、ごくわずかな衣類や家財道具の他には、日記、ノート、手帳に書き残されていた詩、評論、メモ。そして、数冊の蔵書だけだった。手垢（てあか）のついた分厚い蔵書の大半は社会主義と無政府主義関係の思想書であった。

●明治歌壇を革新した俳人、歌人

正岡子規（まさおかしき）

一八六七〜一九〇二

をと、ひの
へちまの
水も取らざりき

わずか三十六年間の生涯に、近代文学史に巨大な足跡をとどめた正岡子規、晩年の肖像。（写真提供／時事通信フォト）

病床で残した辞世の三句

高弟のひとりであった河東碧梧桐（かわひがしへきごとう）が『子規の回想』に、亡くなる前日の病室の様子を書き留めている。

意識を失っていた子規がふと目覚めて、ふだんは俳画を描いていた画板を妹の律（りつ）に持たせて、寝たままで何かを書こうとした。枕頭（ちんとう）の碧梧桐が墨をふくませた筆を右手に持たせてやると、

　糸瓜（へちま）咲（さい）て痰（たん）のつまりし佛（ほとけ）かな

と、一句書いてひと息入れた。

昔から旧暦八月十五日、中秋（ちゅうしゅう）の名月の夜に採った糸瓜の水は、万病に効くという言い伝えがあった。

母や妹が庭に作ってくれた糸瓜棚を病床から眺めると、ことしも糸瓜は黄色い可憐（かれん）な花を咲かせてくれたが、喉に痰をつまらせて息たえだえの自分は、もはや成仏（じょうぶつ）するのを待つばかりである……。

そんな一句を書いてしばし目を閉じていた子規は、再び筆をとった。

　痰一斗（いっと）糸瓜の水も間にあはず

をと、ひのへちまの水も取らざりき

一昨日(おととい)、せっかく母や妹が採ってくれた糸瓜水(へちますい)だが、もう自分にはそれを飲むだけの気力もない。

最後の一句を書き終えると、力つきたように手から筆が落ち、穂先が敷布の上に墨の痕(あと)をつけた。

息絶えた我が子を抱く母

十七夜の研(と)いだ刃のように冷たい月が深更(よふけ)の空にかかっていた。

明治三十五年（一九〇二）九月十九日、午前一時過ぎ、正岡子規は東京根岸の借家で息をひきとった。まだ三十六歳という若さであった。

最期を看取ったのは、高弟たちと母の八重(やえ)、妹の律である。

深夜、ときどきもらすうなり声が聞こえなくなったことに気づいた母八重が、息子の手首の脈を取るとすでにこと切れていた。

いまにも泣き出しそうな苦しい姿勢で息絶えた我が子を前にして、

「静かに枕元へにじり寄られたをばさんは、さも思ひきつてといふやうな表情で、左り向きにぐつたり傾いてゐる肩を起こしにかかつて、『サア、も一遍痛いというてお見』可なり強い調子で言はれた。何だかギヨツと水を浴びたやうな気がした。をばさんの眼からは、ポタ〳〵雫が落ちてゐた」（河東碧梧桐『子規の回想』「死後」）

七年にわたる看病に明け暮れた母が、息をひきとったばかりの我が子にかけたひと言が哀切きわまりない。

旧制高校の野球部ユニフォーム姿の子規。一八九〇年三月、写真館で撮った二十四歳の肖像写真。

上京して一旗揚げたい

明治のはじまる前年、正岡子規は四国・松山藩の下級武士の家に生まれた。六歳のときにまだ四十歳だった働き盛りの父を失い、子規は気丈な母八重の手で育てられた。維新による家禄奉還の折に、藩から下賜された一千数百円の一時金だけを頼りに暮らす一家の生活は貧しかった。

子規は松山中学時代から上京して一旗揚げたいという夢を抱いていたが、没落した武家の跡継ぎ息子の願いがそう簡単に叶うはずもなかった。だが、母が哀願した東京の叔父の援助によって、十七歳のときその夢は実現することになった。

中学を中退して上京した子規は、翌年東京大学予備門（後の第一高等中学校）に入学するが、一年後見事に落第して留年。このとき同じ落第の憂き目を見ていた同級生・夏目漱石と出会い、人生のスタートに立つ若者同士の強い友誼で結ばれていく。

「何だと女の祟りで眼がわるくなったと、笑ハしやアがらア、此頃の熱さでハのぼせが強くてお気の毒だねへといハざるべからざる厳汗の時節、自称色男ハさぞさぞ御困却と存候……」（『子規選集』９／夏目金之助宛の書状）

青春まっ只中の二人の往復書簡には、こんな衒気溢れる文言の応酬がかわされている。だが俳句、短歌の革新運動に邁進する子規を、漱石は生涯歌の師と仰ぎ、晩年まで交誼の絶えることはなかった。

学友と野球に熱中した日々

明治時代、ベースボールが日本に輸入されたとき、子規はその球技 Baseball を日本語の「野球」と翻案し、自身の本名の「升(のぼる)」と重ねて、「野球(ノーボール)」と読ませて、その頃の俳句の雅号とした。日本野球史上でもかなり早い時期にその球技に親しみ、旧制高校に進学したころには学友と結成した野球チームで試合に熱中する日々を送っている。

一高時代には、明治学院チームと対戦中に生徒、教授をまじえた大乱闘事件が起き、当時新聞記事にもなった有名な「インブリー事件」の現場にも立ち会っていた。

同郷の後輩であった高浜虚子(たかはまきよし)や河東碧梧桐たちも、子規から文学の洗礼を受けるに先だって、まず野球の手ほどきを受けたと回想している。

夏休みに帰省した旧制高校生の子規から、ミットもグローブもなしに素手での球の受け方を教わり野球ルールを図解してもらったのは碧梧桐である。高浜虚子の『子規居士と余』には、松山城の城下広場でバッティング練習をしていると、東京帰りの子規が「ちょっとお借しの」とバットを受け取って鋭いホームランを連発した姿が描かれている。

九つの人九つの場をしめて
ベースボールの始まらんとす

当時の子規が詠(よ)んだ歌である。

新聞記者として戦争に従軍

しかし二十三歳のとき、国内旅行で感染した結核によって、突然の喀血（かっけつ）を体験することになる。当時、結核は不治の病とされていた時代であった。初めて喀血したときには、「啼（な）いて血を吐く杜鵑（ホトトギス）」の俗諺（ぞくげん）から、ホトトギスの漢字表記である「子規」を俳号としている。突然の喀血から受けた子規のショックの深さが窺（うかが）える伝聞である。

明治二十六年に子規は東京帝国大学文科大学を中退し、東京根岸の借家に母と妹を呼び寄せ、新聞社「日本」の社員となって『獺祭書屋俳話（だっさいしょおくはいわ）』の連載をスタートさせた。

二年後には新聞社の特派記者として、まわりの制止を振りきって日清（にっしん）戦争に従軍するが、この戦地での無謀な生活が子規の結核を悪化させ、大喀血して重態となった子規は帰国後ただちに神戸の病院に入院した。

結核菌が脊椎（せきつい）を冒して重篤（じゅうとく）な脊椎カリエスを発症したのである。

病状が好転せず松山に帰郷して療養していたとき、英語教師として松山中学に赴任していた漱石と再会し、彼の下宿に五十余日転がりこんで学生時代以来の旧交をあたためた。

（本稿は『子規選集』増進会出版社全十五巻と、粟津則雄氏の名著『正岡子規』より多くを参照）

旧態依然たる歌壇に警鐘

柿くへば鐘が鳴るなり法隆寺
いくたびも雪の深さを尋ねけり
霜枯や狂女に吠ゆる村の犬

当時沈滞していた明治期の俳句、あるいは短歌の世界に新風を捲き起こし、近代文学史に巨大な足跡を残した正岡子規の革新運動は、三十六歳で亡くなるまでのわずか五、六年間に、旧態依然たる歌壇に警鐘を鳴らしつづけた病床での文筆活動によって果たされた。

「病牀六尺、これがわが世界である。しかもこの六尺の病床が余には広過ぎるのである。僅かに手を延ばして畳に触れる事はあるが、布団の外へまで足を延ばして体をくつろぐ事も出来ない。甚しい時は極端の苦痛に苦しめられて五分も一寸も体の動けない事がある……」

明治三十五年（一九〇二）五月五日から亡くなる二日前まで、新聞「日本」に百二十七回にわたって連載された『病牀六尺』の第一回目の書き出しである。

短い生涯の晩年に、病床から創作された驚くべき量の俳句、短歌、随筆、評論は、いずれも寝返りを打っただけでも泣き叫び出したくなる激痛を、麻痺剤（一種のモルヒネ）で抑えながら絞り出された悲痛な作品の数々であった。

死と直面する病床の子規の文芸革新運動の筆致は常に苛烈を極めた。

「余は劈頭（初め）に一断案を下さんとす曰く芭蕉の俳句は過半悪句駄句を以て埋められ上乗と称すべき者は其の何十分の一たる少数に過ぎず、否僅かに可なる者を求むるも寥々晨星（夜明けの数少い星）の如し」（新聞「日本」連載『芭蕉雑談』）

俳聖芭蕉を対象としてこの痛烈な舌鋒である。

誰かこの苦を助けてくれ

死の前年には、子規が新聞に連載していた『墨汁一滴』に突然次のような記事が出た。

　一　人間一匹

右返上申候　但時々幽霊となつて出られ得る様以特別御取計可被下候也

　明治三十四年□月□日　　何がし

　地水火風御中

おのれの命は返上するが、ときどき幽霊となってこの世に出られるようにお取り計らいいただきたし。

不可解な記事に世間は驚いたが、冗談めかした文面の背裏には、脊椎カリエスの激痛に日々のたうち回っていた子規の痛切な悲鳴が隠されていたのである。

死の直前まで新聞に連載された『病牀六尺』にも、凄惨な闘病の様子が登場する。

「絶叫。号泣。益々絶叫する。益々号泣する。その苦その痛、何とも形容することは出来ない。寧ろ眞の狂人となってしまへば楽であらうと思ふけれど、それも出来ぬ。若し死ぬることが出来ればそれは何よりも望むところである。併し死ぬることも出来ねば殺して呉れるものもない。……誰かこの苦を助けて呉れるものはあるまいか、誰かこの苦を助けて呉れるものはあるまいか」（第三十九回）

容態は悪化していく一方だったが、当時の医学界には脊椎カリエスを完治させる治療法はなかった。激痛に絶叫し、ただ耐えるだけで一歩ずつ子規は最期に近づいていく。痛み止めとして投与されていた麻痺剤もすでに効力を失っていた。

死を数日後にひかえた『病牀六尺』の記述には、たった一日で痩せた足の先がぶくぶくと腫れあがり、その様子はまるで細い火箸の先に徳利をつけたようだとある。そして、病床で号泣しつづけた激痛を、

「足あり、仁王の足の如し。足あり、他人の足の如し。足あり、大盤石の如し。僅に指

頭を以てこの脚頭に触るれば天地震動、草木号叫……」（第百二十五回）

と、絶叫している。

病床で阿鼻叫喚しながら生み出されたこれらの凄絶な大声楽曲は、死に直面した日々を凝視しつつ、冷徹に肉体と精神の在り様を写生しつづけた一代の歌人の絶唱である。

墓石に彫りこまれた六文字

最期が近い一日、子規は英国留学中の夏目漱石に国際郵便を送った。

「僕ハモーダメニナツテシマツタ、毎日訳モナク号泣シテ居ルヤウナ次第ダ。（中略）僕ハトテモ君ニ再会スルコトハデキヌト思フ。万一出来タトシテモソノトキハ話モ出来ナクナツテルデアロー。実ハ僕ハ生キテヰルノガ苦シイノダ」

子規の予感どおり二人が再会を果たす日はついに訪れなかった。

　手向くべき線香もなくて暮れの秋

ロンドンで訃報に接した漱石が遠い故国の友を弔った一句である。

子規の没後三日目に葬儀が営まれ、東京田端の大龍寺に埋葬された。

亡くなる四年ほど前、子規は自分の墓碑銘について知人宛に絵入りの手紙を送っていた。

「あしや、自分が死んでも石碑などはいらん主義で、石碑立てても字なんか彫らん主義で、字は彫っても長たらしいことなど書くのは大嫌ひで、寧ろこんな石ころをころがしておきたいのじやけれど、已むをえんこつで字を彫るなら別紙の如きもので尽くしとると思ふて書いてみた」

とことわってから、長々とつづく自分の墓碑銘の文案を綴っている。

「正岡常規　又ノ名ハ処之助、又ノ名ハ升、又ノ名ハ子規、又ノ名ハ獺祭書屋主人、又ノ名ハ竹ノ里人。伊予松山ニ生レ、東京根岸ニ住ス。父隼太、松山藩御馬廻加番タリ。卒ス。母大原氏ニ養ハル。日本新聞社員タリ。明治三十□年□月□日没ス。享年三十□　月給四十円」

いま、笹の生い茂る大龍寺の一角に立つ子規の墓石には、「子規居士之墓」の六文字が彫りこまれているだけである。そのすぐ右隣には、碑面に「正岡八重墓」と刻まれた小さな墓石がひとつ、我が子の墓に寄り添うようにひっそりと佇んでいる。

第3章

新時代を開拓した偉人の遺言

勝海舟／伊藤博文／明治天皇／乃木希典

勝海舟（かつかいしゅう）

●幕府重臣、明治の政府高官

一八二三〜一八九九

コレデオシマイ

川津清雄筆、勝家蔵。

刺客のひそむ藩邸で談判

西郷隆盛が海舟と初めて会った直後に、大久保利通に宛てた書簡（元治元年九月十六日付）が残っている。

「勝氏へ初めて面会仕り候ところ、実に驚きいり候人物にて、最初打ち明け話にて、差し越し候ところ、頓と頭を下げ申し候。どれだけの智略これあるやらしれぬ塩梅に見受け申し候。先ず英雄肌あいの人にて、（中略）現実に候ては、この勝先生とひどくほれ申し候」

（勝海舟に初めて面会したが、実に驚きいった人物である。難題解決のための秘策を携えてお越しになったのだが、その内容を聞いて心底から感服いたした。どれほどの智略を隠しているのか見当もつかない大人物だとお見受け申した。なによりも英雄肌の人物であり、昨今の諸問題との対処においては、この勝先生を越える人物はないと、ぞっこん惚れ申した）

幕末日本の歴史が大きく回天したとき、勝海舟は幕臣として歴史に残るいくつかの大事業に命懸けで取り組んだ。

なかでも最大の功績といわれるのが江戸城無血開城である。各地で幕府軍は連戦連敗して敗走を続け、一気に東上してきた官軍が品川まで進軍。いよいよ明日は将軍慶喜のいる江戸城を総攻撃するという直前に、陸軍総裁であった勝海舟は、「おれは羽織袴で馬に乗り、従者一人つれたばかりで（芝、田町の）薩摩屋敷にでかけた」（『氷川清話』）

敵兵の銃に取り囲まれながら、大総督参謀の西郷隆盛を敵陣に訪ねて単独会見したのである。

海舟は次の間には刺客のひそむ藩邸での膝詰め談判で、まず将軍慶喜の助命と江戸城総攻撃中止を交換条件とし、その上で「徳川家」の存続を朝廷に承認させるように要請した。ただし朝廷が受諾しないときには江戸住民を海路木更津に待避させ、江戸中の火消しに市中四方から火を放たせて、無人の街に攻め込んだ官軍を丸焼きにする、と平然として恫喝した。

海舟の命を張った大博打で、間一髪、市街戦で江戸城下が火の海になるという最悪の事態は回避されて、江戸城無血開城が実現した。その結果、江戸住民百五十万人の生命と家屋財産が戦火から守られることになったのである。

賊軍の旧幕臣であったにもかかわらず勝海舟は幕末の数々の功績によって、明治維新後は参議、海軍卿、枢密院顧問官を歴任して伯爵に叙せられている。

東京都大田区・洗足池にある勝海舟夫妻の墓。（写真提供／アフロ）

免許皆伝の剣術の腕前

維新後、勝海舟が居住した赤坂氷川町の邸宅には、二十を越える大小の座敷があった。

日ごろは佐久間象山が揮毫した「海舟書屋」という額のかかる邸内の一番奥まった六畳と八畳の続き部屋で起居していたが、いかなる来客であっても身分の分けへだてなくこの居間で応対した。

「海舟の家の憲法とでもいおうか、ほとんど来る者を拒んだことがなかった。門前払いなどということは、おのれ自身未だかかって経験したことがないが、他の人もみな同様であろうと思う。……しかも客は実に門前市をなすほどであって、しかもその客種の千差万別なるには、何人も驚かぬ者はなかった。しかるに先生はことごとくこれを一室に引き、銘々に対してそれぞれ応接せられていた」（徳富猪一郎『蘇翁夢物語』）

　晩年には新聞記者はもちろん、軍人、代議士、維新の元勲、壮士、書生、旧幕臣などの来宅がひきも切らず、政財界筋への紹介を依頼し、主人の談論を傾聴し揮毫を乞うた。

　本人によると、太鼓もち、芸人、高利貸し、女郎、盗人までが相ついで訪れて、金をねだり、難題の解決、仲介を持ちかけられたと愉快そうに知友に語っている。来客は身分の区別なく引見され、ときとして敵、味方が同席することも少なくなく、あらゆる者がそこに集まり、また散じていったが、来る者は拒まず行く者は追わずで、主人が客を玄関まで送迎することもごく稀であった。（戸川残花『海舟先生』）

　時として暴徒も来た。刺客も来た。動乱の幕末を命賭けで生き抜いてきた海舟は、

「おれは今日までに、都合二十回も敵の襲撃に遭ったが、現に足に一ケ所、頭に一ケ所、脇腹に一ケ所の疵が残って居るよ」

と、再三襲撃された死闘の痕を客に教えた。

　身長わずか五尺余（約百五十六センチ）の短軀小身であった。しかし若いとき、江戸の島田虎之助道場で直心影流の免許皆伝を許された剣術の腕前を持つ海舟は、驚くほど強靱な軀と胆力を有していた。重瞳（深い二重瞼）であり、眼光炯々として人を射るごとく、

凛乎（りんこ）として侵すべからざる風貌を帯び、来訪する者のなかには初対面で一喝（いっかつ）されて震え上がって逃げ帰る者も多かった。

あるとき、有名な某医学博士が戸外の運動を勧めたところ、

「そんな事は馬鹿にお言いなさい。おれの体には運動は要らないよ」

と答えたという。そのうえ日ごろから、

「運動とか薬用とか、外に出て、寒暑にあたったり、つまらぬ苦き水薬など飲んだとて、養生（ようじょう）になるものか。俺には一種の養生法がある。それは心を練（ね）ることじゃ。心を練るとて擂（す）り鉢（ばち）に入れて物を練るやうなものでは無い。苦しきことに出て會（あ）い、色々と辛抱し、工夫すれば、自然に来るものじゃ。……俺の養生法は、外物の刺激に抵抗して、我が浩然（こうぜん）の気を養ひ、我が精根を厚うするにある」（徳富猪一郎『勝海舟傳』）

と広言していた。

人間の相場の上がり下がり

赤坂氷川町の邸宅で弟子や取り巻きが、最晩年の勝海舟の談話を筆記した『氷川清話（ひかわせいわ）』には、自分の生い立ちや、古今の有名人物、日本の文化、政治などが多岐にわたって自由

奔放に語り尽くされている。その独特の人生哲学には尽きせぬ魅力がある。

「おれなどは、生来人がわるいから、ちゃんと相場を踏んで居るヨ。上つた相場も、何時か下る時があるし、下つた相場も、何時かは上る時があるものサ。その上り下りの時間も、長くて十年はかからないヨ。それだから、自分の相場が下落したと見たら、じつと屈んで居れば、暫くすると、また上つてくるものだ。大奸物・大逆心の勝麟太郎も、今では伯爵勝安芳様だからノー」

海舟一世一代の快挙である幕末史に名高いあの江戸城無血開城さえも、往時の幕府家臣団からは「大逆心」「大奸物」「腰抜け」、あるいは「徳川を売るイヌ」とまで評されて罵倒された時期があった。

「併し、今はこの通り威張つて居ても、又、暫くすると朦六してしまつて、唾の一つもはきかけて呉れる人もないやうになるだろうヨ。世間の相場は、まあこんなものサ。その上り下り十年間の辛棒が出来る人は、即ち大豪傑だ。おれなども現にその一人だヨ」

明治三十一年暮れ、亡くなる数週間前のことである。

海舟は自邸を訪れた若い知人にこう語った。

「おれァもう十日も経て明春となれば、七十七歳になるよ。人生七十古来稀と云ふが、其の古稀より七つも余計生きた。まだ身體はさのみ労苦を感ぜぬが、何となく死期が近寄つたかと思ふよ。人の息の切れた時は、夢の覚めたのと同じ事だろうよ」

その言葉を聞いた知人は笑いに紛らわせて、「先生死てふ不吉の語を為し玉ふ勿れ」とおしとどめ、我ら先生の知遇を得ている者は、来春の桜のころ喜祝の宴を開き、なおかつ先生の銅像を造ることをもっぱら楽しみにしているのだからと応じた。

すると海舟は、

「銅像は人の造つたものゆえ、イツ何時天災地変の為めに破壊せらるるか知れない、また天災地変に遭わなくとも、時勢の変遷に由って大砲や鉄砲の弾丸に鋳らるるかも知れないよ。ソンナつまらぬ事をして呉れるより銅像を造る入費の三割一分でもよいから金でもらひたいよ」

と、呵々大笑しながら答えた。

しかしその日、知人が勝邸を辞去しようとしたとき、海舟は、

「壮健で年をおとりよ。暇があつたら暮れの内に、また一、二度お出でよ」

と、いつもと違っていつまでも帰そうとせず、いかにも名残惜しそうであったという。あれは虫の知らせだったのだろうか、と文章は結ばれている。(「朝日新聞」明治三十二年

一月二十三日付朝刊・亀谷馨「海舟先生を憶ふ」）

幕末の巨星が世を去った日

海舟を異変が襲ったのは、年が改まった明治三十二年一月十九日夕刻のことだった。長年、身の回りの世話をしてきた愛妾の増田糸子が証言した記録がある。（巌本善治『海舟座談』）

「あの日は、お湯からお上がりなすつて、大久保の帰るのは（一翁の倅の帰朝）、昨日だか、今日だつけと、仰しやつただけで、それからハバカリからお出になつて、もう褥の方へいらつしやらず、ココの所（六畳にてたいてい吾らの座する辺）へ倒れていらつしやいますから、ドウなすつたかと、ビツクリしました。死ぬかもしれないよと仰しやつて、ショウガ湯をもって来いと仰しやりましたが、間に合いませんから、ブランデーをもつて参りました。

油あせが出るからと仰しやいますので、お湯はその時モウ落としてしまいましたから、あちらで取って参りましたから、それで一度おふきになつたのです。それで、奥さまに申し上げまして、コチラにお出になりました時には、モウ何とも仰しやらず、ごく静かにお眠りでした」

　脳溢血の発作であった。

　幕末の旗本で明治になってキリスト教の牧師になり、後に文学者として数多くの文芸作品を残した戸川残花という人物がいる。勝家と姻戚関係があり、海舟を師と仰いで畏敬していた彼もその終焉に立ち会ったひとりである。

　正月十九日の夜、戸川は自邸で妻女と百人一首のカルタとりに興じていた。就寝のためにお開きにしようと話し合っていた八時近くに一通の電報が届いた。

「トノサマシス、スグコイ」

　海舟が住む赤坂氷川町からの電信である。車を駆って勝邸に着くと、すでに見舞い客でごった返していた。意識不明の重体ではあったが、電文の「殿様死す」という報せは誤報だった。

　家人に導かれていつも対面していた奥の座敷に案内されたが、六畳の室内はいつもより暗かった。座敷の真ん中に敷かれた布団の上で、鼾をかいて眠る海舟のおだやかな顔を枕もとの燭光が仄かに浮かび上がらせていた。

　その傍らに、白い頭巾をいただいた老婦人が端然として坐っていた。海舟には五人の妹がいたが、その夜、枕頭にいたのは幕末の兵学家・佐久間象山に嫁いだ長女の順子である。夫が暗殺されたあと、東京に出戻って兄の屋敷に寄寓していた。

見舞客から、意識のなくなる前の様子を問われると、

「とくに何かは申しませんが、コレデオシマイとだけは申しました」

昏々と眠る兄の顔を見つめながら、彼女はそう洩らした。

幕末の巨星がこの世を去ったのは、その二日後の午後五時過ぎのことであった。

池を見下ろす眺望のいい墓地

一月二十五日の葬式当日は少し前からにわかに雪が激しく降りだして、官軍の海軍、陸軍の儀仗兵の帽子もまっ白になり指揮する士官の髭にも氷片が光っていた。見送りの人々は古来、偉人の葬儀にはこうした天候異変が起こるものだと、雪空を見上げながら囁いていたと新聞等は報じた。

赤坂氷川町の邸宅から拍子木を合図に霊柩が故人の親友、先輩によって担がれて出棺し、そのあとに位牌香炉や勲章を捧げ持つ列が続いた。さらに親族や徳川公爵の乗る馬車の後ろには知人、友人、海軍の将校などが二列になって延々と従い、地元に近い赤坂あたりで

は葬列を見送る小学校の生徒の整列が見えた。

途中、雪は晴れたが長い葬列は泥濘(でいねい)のような道を難渋(なんじゅう)しながら青山斎場に向かって進んだ。式場に至ると路の左右には馬車、人力車がぎっしり並び、斎場内は貴顕(きけん)紳士、名士、旧友、知人が溢(あふ)れて寸隙(すんげき)の余地もない有様であった。

やがて長時間におよんだ仏葬式が粛然として終わり、順次焼香参拝したあと、海舟の遺骸(いがい)は斎場から池を見下ろす眺望のいい千束池畔まで馬車で運ばれて葬られた。墓碑にはかつて幕臣であった海舟を称(たた)えて、最後の将軍・徳川慶喜公爵が誌(しる)した「勝海舟」の三文字が刻まれている。

伊藤博文

●初代内閣総理大臣、従一位大勲位公爵

一八四一〜一九〇九

自分は畳の上では
満足な死に方はできぬ。

明治三十三年、第四次内閣総理大臣時代の伊藤博文公。
（写真提供／時事通信フォト）

満州ハルビン駅頭の暗殺事件

日露戦争が終わって四年経っていた。元勲（げんくん）・伊藤博文がハルビン駅頭で暗殺されたのは、明治四十二年（一九〇九）十月二十六日のことだった。

その日午前九時、伊藤たち一行を乗せた特別列車が旅順（りょじゅん）からハルビン駅に到着した。旅行の最大の目的は、この大都市でロシア政権の最有力閣僚・ココーフツォフ蔵相と、緊迫する満州、朝鮮問題について日露で会談することにあった。

午前九時三十分、黒いフロックコートを着た両国首脳と随員一行は、凍りつく満州の風が吹きぬけるプラットホーム上を、ロシア軍儀仗兵（ぎじょうへい）を閲兵（えつぺい）しながら駅頭に進んでいった。

そのとき群衆の前にいた大柄なロシア軍憲兵の脇から、鳥打ち帽の小男が路上に躍り出ると、日本人一行めがけてブローニング七連発の拳銃を乱射した。三発が伊藤に命中した。第一発目は左肺を貫通し、第二発は上腕から左肺を経て右肺に達し、第三発は横隔膜（おうかくまく）を貫通する致命傷であった。騒然とする駅構内の人混みをかきわけて、伊藤はただちに特別列車内に運びこまれた。（『伊藤博文伝』下巻・参照）

ハルビン駅で突然起きた事件を、当時の『時事新報』が報じている。

〈……公は此時（このとき）少しく身体をよろつかせつ、「確か三発中（あた）つた。相手は誰だ」と言はれたるが、其時固より未だ何者の所為とわかる筈もなければ、其儘公を前後より擁して、直ちに今乗り来りし汽車内に伴ひたるに、公は擁せられつゝも、尚自ら歩を運ばれたり。依つて汽車内に一脚のテーブルを持ち込み、之に敷物を敷きて其上に安所せしめ、百方療治の術をつくしたると同時に取敢へず一杯のブランデーをすゝめたるに、公は自ら頭をもたげ、快く之を飲み乾されたり。此時漸く犯人の韓国人なること判明したるを以て、公に向ひ、「犯人は韓国人でした。気を確かになさい」と告げたるに、公は「ウム、馬鹿な奴だ」と言はれたるのみにて他を語らず、依て二度目のブランデーをすゝめしに、又これを飲み乾されたまゝ、別に苦痛を訴へられることもなく、又甚だしき苦痛の色もみえざりしかど漸次顔色蒼白を呈し来たれるを以て、又も三度目のブランデーをすゝめたるに、今度は最早や之を飲むの力なかりしにより、ガーゼにて唇を湿しやりたるが、此時既に公は此世の人にあらざりき〉（明治四十二年十一月一日付記事）

明治の元勲・伊藤博文、六十八歳の非業の死であった。

死刑を宣告された犯人

韓国人の暗殺犯・安重根は、ロシア鉄道警察員とロシア兵士によって現場でただちに

暗殺される直前の最後の写真。ハルビン駅ホームで帽子をあげて挨拶しているのが伊藤公。（写真提供／時事）

逮捕された。ハルビン駅舎に連行されるとき、安は「コレヤ！　ウラー」（韓国、万歳！）と、大声で三度叫んだ。自らの快挙をアジアの全人民に伝えるために、あえて朝鮮語ではなくロシア語で叫んだと供述している。

旅順の関東都督府地方法院の法廷に立った安重根は、「大韓独立主権侵奪の元凶であり、朝鮮支配の象徴である伊藤博文を斃すことは年来の願望であった」と自白し、人生を祖国に捧げた愛国者の誇るべき行動であったと陳述した。

かつて初代韓国統監に就任したとき、伊藤は武断派の政府、軍部の圧力で、韓国の外交権、国防権を剥奪する条約を締結させ、大韓帝国皇帝の強制退位、韓国軍隊の解散などを次々と強行した。これらの統治をめぐって韓国人数千名のデモ隊が首都京城に坐りこむ騒動が起こり、各地に抗日独立をめざす暴動や義兵運動が急速に燃えひろがっていった。

安重根も朝鮮北部で蜂起した民族独立運動家の一人であった。

法廷での三か月にわたる審理を経て安重根に死刑が宣告された。

事件から五か月経た三月二十六日、伊藤博文の月命日と絶命した同時刻に合わせて絞首刑が執行された。

明治の元勲の輝かしい経歴

明治の人気雑誌『太陽』が暗殺された伊藤を偲んで臨時増刊号を発行した。その冒頭に伊藤の死を惜しんで次のような要旨の献詞が捧げられている。

〈世界からもっとも近世的な政治家として公認されていた伊藤博文公一代の事業を眺める人は、必ずや「王侯将相寧有種」(王侯、将軍、宰相となる者は、家柄や血統で定められているのではなく、各々の努力と才能によるのである)という古い諺を想いおこすであろう。

……自らの境遇を克服して世界の舞台に乗り出していった伊藤は、欧米列強の注目を一身に集めており、東西文明がひとつとなって一大潮流をなしつつある今日、さらに非凡の能

力を発揮していくはずであった〉(明治四十二年十一月号)

維新後の明治新政府で頭角をあらわした伊藤は、日本の初代総理大臣に就任した後、第五代、第七代、第十代と四度にわたって総理大臣を務め、さらに初代枢密院議長、初代貴族院議長、初代韓国統監などの重要ポストを歴任して、長く国政をリードしてきた明治政界の元勲である。

最大の功績はわが国に内閣制度を創設し、帝国議会の開設、大日本帝国憲法制定の中心的役割を果たしてきたことだが、その輝かしい経歴は同時代のいかなる政治家の業績をもはるかに凌駕している。(本稿は伊藤之雄氏『伊藤博文』講談社学術文庫より多くを参照)

鎖国の禁を破って海外密航

四十四歳という異例の若さで初代総理に就任したとき、当時の新聞等は豊臣秀吉に例えて「今太閤」と書きたて、身分の低い足軽の子が一国の総理にのし上がったと騒いだ。天保十二年(一八四一)九月二日、長州の百姓の子に生まれたが、破産した父親が養子に入った足軽の家で育った。

十六歳のとき吉田松陰の松下村塾に入塾。身分が低いため庭に正座して講義を傍聴したが、師の松陰は「才劣り学稚きも、質実にして華なし、僕頗る之れを愛す」（知人宛の手紙）として、実直で人好きする伊藤の性格を寵愛した。

安政の大獄で師が獄中で処刑された後には、長州の尊王攘夷派として、木戸孝允、井上馨等と討幕運動の渦中に身を投じていくことになる。

その後数々の攘夷事件に関与した伊藤には、維新の五年前に五人の同志と、日本人が書いた間違いだらけの和英辞書一冊を持って海外渡航した経歴がある。鎖国の禁を破ってイギリスに密航したのである。発覚すれば当然死罪となる命がけの旅であった。

文久三年（一八六三）春、横浜の英国商館に懇願してイギリス船に乗船させてもらった一行は、上海でロンドンに向かう帆船にもぐり込むが、船底で雑役水夫以下の扱いを受ける苛酷な船旅であったと、後年回顧している。

ロンドン到着後は大学の教授宅に寄宿を許されて、博物館や美術館で大英帝国の偉大な歴史を学び、郊外の工場を訪ねて産業振興を目の当たりにし、陸海軍施設の規模とレベルから国力の差を思い知らされる。

そして、故国の攘夷運動は誤っていたとして開国の必要を痛感する。（『伊藤博文伝』、『伊藤公直話』）

初代総理に抜擢(ばってき)された英語力

帰国して明治維新を迎えたとき、伊藤は兵庫県知事など地方官僚からスタートしたが、またたく間に中央政界の中枢に駈け上がっていった。

開国したばかりの日本には諸外国の使節、外交団などが押し寄せていた。だが新政府内には彼らと応対、交渉できる人材が少なかった。伊藤の異例の出世の背景には、彼の海外知識や語学力を必要とする新時代の強い要請が働いていたのである。

その後も伊藤は閣僚として何度か外遊しているが、明治四年には大久保利通(としみち)、木戸孝允等と岩倉使節団の副使として米国を訪れている。

そのとき、サンフランシスコで、

「国旗の中央なる吾等(われら)が緋(ひ)の丸(まる)こそ……まさにその原意たる、旭日(きょくじつ)の貴き徽章(きしょう)、世界の文明諸国の只中(ただなか)に進み昇らん」(Hirobumi Ito, 23rd of january 1872)と、かの有名な「日の丸演説」を流暢(りゅうちょう)な英語でスピーチした。

当時の「ニューヨーク・タイムズ」は、伊藤のことを「三十歳ほどだが、進歩的で開明的で前途有望な政治家である」と報じている(一八七二年一月十七日付)。

初代総理に抜擢された決定的場面でも、この本場仕込みの語学力が決め手となった。

明治十八年十二月に内閣制度が制定され、宮中で太政大臣（だじょう）に代わる初代内閣総理大臣を選出することになった。もっとも有力だったのは高貴な家柄を継ぐ三条実美（さねとみ）公爵であった。伊藤も候補になっていたが、身分の低い足軽出身で、お手盛り人事で伯爵になった伊藤を明治帝の前で総理に強く推す声はなかった。

宮中会議の沈黙を破って、長州の盟友・井上馨が「新しい時代の総理は赤電報（英語の外国電報）が読めなければ務まらない」と口火を切った。山縣有朋（やまがたありとも）が「そうすると、伊藤君しかいないじゃないか」と口を添えた。三条を推していた外国文化を排斥していた朝廷の参議たちは黙るしかなかった。

この大政治家の人間的魅力

「……しかれども、いくぶんたりともなお君国のために、尽し得る間は生存しなければならぬ。法外に生き延びるは、重荷にうめく痩（や）せ馬の如しだ」（『伊藤公直話』）

その後も激動の明治政界にあって、伊藤の生死を賭けた政治活動はつづく。

朝鮮の主権をめぐって清国軍と衝突した日清戦争。第二次内閣発足と首相辞任。あるいは日露戦争の終結後に奔走したロシアとの戦後処理。さらに朝鮮統治をめぐる初代韓国統監就任。この時の日韓併合が後年の暗殺事件に繋がっていくことになる。

一方数々の難局を切り抜けてきたこの大政治家をめぐっては、数多くの評伝、伝記がその人間的魅力を伝えている。

アメリカ留学から帰国後、伊藤家の夫人と子供たちの家庭教師兼通訳として同家に滞在していた津田梅子（現・津田塾大学創立者）の証言もそのひとつである。「伊藤公は人間性に深い関心を持っていた。彼はその人の身分にかかわらず、訴える力を持つ人間の言葉に耳を傾けた。召し使いであろうと、女子供であろうと……」と語り、さらに「生も死もわたしにとっては同じようなものだ。これから先、何が起こるかを怖れたことは一度もない、という言い方で、彼は自分を宗教心のない人間だと決めつけていたが、私に言わせれば、彼は何と言ったらよいか、わけのわからない力（生命の？）といったものを信じていた」と回想している。（大庭みな子『津田梅子』より引用）

その一方で明治の元勲をめぐる伝記、回想記には、「掃いて捨てるほど女がいた」という噂から「箒」と渾名されていた伊藤の「女好き」にふれた一節が、必ずその書中に出てくる。

花柳界の風聞だけでもキリがない。柳橋の十六歳の美人芸者りょうをめぐって天皇家の伯父と張り合った逸話。あるいは新劇女優第一号の川上貞奴(さだやっこ)が、まだ芸者屋から半玉(はんぎょく)で出ていたとき、三十歳年上の伊藤に水揚げされ、囲われた挿話など。

花柳界の女性だけではない。自邸に住む行儀見習いの娘の懐妊、名門夫人との不倫事件など、新聞、雑誌に載ったゴシップは数知れない。

だが、晩年に腹心(ふくしん)の部下であった外務部課長から、尊敬する人物を問われると、伊藤は「天子様（天皇）じゃ」と答えた。他に尊敬する人物を尋ねられると、「おかか（女房）位(くらい)のものじゃ、他には、今日我輩の尊敬するものはない」と、恐妻家の元勲は梅子夫人の名を大声で挙げたという。（小松緑『春畝(しゅんぽ)公と含雪(がんせつ)公』）

日露凱旋騒ぎを越える人の波

親族の回顧談によると、晩年の伊藤はごくたまに帰宅した自邸から出かけるとき、「自分(わし)は畳の上では満足な死に方はできぬ。この敷居をまたいだときから是(こ)れが永久の別れになると思ってくれ」と、必ず言い残してから玄関を出て行ったという……。

暗殺された九日後の十一月四日、伊藤の国葬が東京・日比谷公園で執(と)り行われた。朝から雲が低く垂れ込めて、もの寂しい晩秋の風が帝都に吹きわたる日であった。

午前九時、数千人の陸海軍軍人を従えた柩車(きゅうしゃ)が日比谷斎場に到着した。喪服の梅子夫人は気丈にも感情を殺してきつく唇を結んで佇(たたず)んでいたが、五十人の輿丁(よてい)に担がれた柩(ひつぎ)が入場してくると、さすがの梅子夫人も二人の娘とともに泣き崩れた。

式が終わって斎場を出発した柩は、大井町谷垂(たにだれ)の一千四百坪の墓地に向かった。長い葬列の進む沿道は、どこも日露戦争の凱旋騒ぎを越える夥(おびただ)しい人の波でごった返していた。

沿道の露店で売っていた明治の元勲の絵葉書は、人々が奪い合ってたちまち一枚残らず売り切れた。

●皇国百二十二代目の天皇

明治天皇（めいじてんのう）

一八五二〜一九一二

卿（けい）らは辞職さえすれば、責任を免（まぬが）れることが出来るが、朕（ちん）には全（まった）く其（そ）の道がない

写真嫌いの明治帝は、油絵の肖像を写真にして御真影に。
（写真提供／Mary Evans Picture Library・アフロ）

敬愛していた父君の急死

嘉永五年（一八五二）九月二十二日、ときの孝明天皇と女官慶子との間に皇子が生誕した。日本初代の神武天皇から数えて百二十二代目にあたる天皇家のお世継ぎであった。幼名祐宮、のちの明治帝である。生母の慶子は権大納言中山忠能の息女で、天皇に側室として仕えていた女官であった。

慶応二年（一八六六）十二月二十五日、父君、孝明天皇が三十六歳の若さで謎の死を遂げたため、わずか十五歳で皇位を継ぐことになった。

しかし、父君の崩御直後から、

「不予（ご病気）なるに因り、御仮床（病床）に就きたまふ、熱高く眠を闕かせられ（眠れず）、容体稍〻重きを以て、侍臣皆憂慮す」（『明治天皇紀』）

という不可解な病状に悩まされる日々がつづく。敬愛していた父君の変死が体調異変を起こしているのではないかと、周囲では噂していた。

孝明天皇の痘瘡（天然痘）による急死をめぐっては謀殺、あるいは毒殺ではないかという推測が当時から宮中では流れていた。

明治天皇と昭憲皇太后に仕えた女官山川三千子の回想にはこうある。「（宮中の噂もあって）明治天皇御幼少の頃は、御生母中山の局が自らの手で調理したお食事を、局で差し上げ、御野菜などすら、出所のわからない品はお食膳に上げなかったとか」（『女官』）

暗殺説の背後にある暗い闇

さらに明治天皇のご生母慶子の父、中山忠能の日記には、「（そのご最期は）九穴より御脱血、実にもって恐れ入り候」とあり、宮中女官から知人への秘匿書状には、「此の度、御痘（天然痘）全く実痘に在らせられず、悪瘡発生の毒を献じ候。その証は御容体大秘、御内の者も一切承らず」（このたびの御病気は天然痘などではなく、毒を盛られた悪瘡によるものであった。その証拠に陛下の詳しいご容体は外部に発表されず、身内の方々さえ一切お聞きになっていない）と記されていた。

幕末に薩長など討幕派と通じていた朝廷の公卿たち、なかでも後の右大臣岩倉具視が、保守派の孝明天皇を毒殺したという噂が、その当時から宮中ではひそかに囁かれていた。（『明治・大正・昭和天皇の生涯』書中の百瀬明治「孝明天皇崩御」）

幕末の孝明天皇は幕府の鎖国政策を維持し、徳川政権との公武合体をめざすという保守的な国家戦略の持ち主であった。その深謀遠慮から妹、和宮を徳川家に降嫁させたのだが、

東京での御大葬の翌日、霊柩は京都に運ばれ桃山御陵に葬られた。（写真提供／毎日新聞社・時事通信フォト）

このことが岩倉具視をはじめ、宮中の急進的な討幕派を刺激して毒殺された……。多くの史家が暗殺説の背後にあった闇をこう推測している（保阪正康『崩御と即位・天皇の家族史』を参照、引用）。

帝王としての威厳と矜持

明治天皇は幕末日本が明治維新に向かって激動する時代に、わずか十五歳で帝の位に即かれた。以降六十一年の生涯を、わが国の長い歴史の中でも稀有な、動乱の時代の渦中で過ごされることになる。

明治の言論人、徳富蘇峰が明治天皇について語っている言葉がある。

「要するに、明治天皇は正直なる、而して背骨の硬き聊か我儘なる一木強漢を以て始終し給ひたるが如く、史上には映写せらる」

明治天皇は在りのままなる一本の直立する大木のごとき強漢として、近代日本史の真っ只中に佇立されつづけた、と。（天皇侍従・日野西資博『明治天皇の御日常』）

京都御所で天皇家の嫡嗣として幼少時を過ごされたこと、さらに十五歳の時の父君の不審な死が、威厳と矜持を以て臣下に向き合うという若き天皇の帝王学の根本となった。

大日本帝国の行方を定める君主として、御前会議などでも一貫して、「その議は国家、国民のためになるのか」と臣下に下問された。

枢密院会議などでも、

「天皇挙止端厳（一挙一動が厳か）、出でて事に即く（外でお務めを果たす時）と、入りて燕居する（宮中に在る時）とを問はず、一たび其の席に就くや、久しきに弥りて殆ど微動だもしたまはず……」（『明治天皇紀』）

軍部高官や側近の枢密顧問官に対しても、常に厳然として威儀を正して聖断を下したとつたえられる。

身長五尺五寸四分（百六十七センチ）の頑健なご体格ではあったが、日常の生活では質素を旨として、真冬の厳寒の季節にも暖房は火鉢ひとつだけ。また真夏にも軍服を着たまま政務を執るなど、厳しく自分を律して、帝王としての威厳を臣下に対して保ちつづけた。

「ご政務の話になると、なかなかおやかましく、また誠に強情で、お気に入らぬことはあくまでもお許しがなく、御得心の行くまでご下問（お聞き）になるので、幾度か上奏しても、ご裁可がなくて困ったこともあると耳にしました。

ある時、拝謁に出た高官が、『陛下もお笑いになりますか』と、おそばの侍従に聞いたとかいいます」（山川三千子『女官』）。

女官を集めた賑やかな晩餐

皇室の賢所では元始祭、新嘗祭、神武天皇祭など数々の年中行事があったが、国務などで止むを得ず他の者に代拝させるときにも、「必ず玉体を御清めの後、白の御召と緋の御袴に御召替で、御座所に端然と座して代拝の神官と同じ祀り事をなさった。代拝の者が『滞りなく御拝を済ましました』と復命すると、初めて洋服に着替えられた」（雑誌『キング』付録・「明治大帝」書中の女官典侍・柳原愛子の一文）。

一方、一国の帝としての謹厳実直な陛下とは別の素顔を、侍従の坊城俊良が書き残している。

御所では蓄音器にレコードをかけてお聞きになるのがお好きだった。

「蓄音器もあったが、その頃の蠟管のラッパつき、きわめて旧式なのをズッと大切にして使用しておられた。吹き込んであるのは琵琶、詩吟、唱歌などで、いわゆる健全なものばかり、それでも喜んでときどきおかけになっていた」（『宮中五十年』）

夜などご機嫌のよいときは、若いとき師について習ったという琵琶歌を大声で歌うことがあったが、「決してお上手とは思えなかった」と、正直な侍従は述懐している。

宮廷の内々での晩餐では、お気に入りの女官を集めた賑やかな夕食を楽しまれた。日本酒を好まれたが、糖尿病をわずらわれた晩年には酒量も減り、少量のワインを傾けながら、得意のジョークを連発されていたという。

大日本帝国を総攬し給ふ大帝

国事多難な晩年には、あまりにも過酷な宮廷スケジュールに追いつめられて、陛下はお側の者に次のような言葉を洩らされることがあった。

侍従・日野西資博の証言である。

「（崩御前年の秋ごろ）その時分から、御表では決して仰しやいませぬが、御奥では『どうもわしが死んだら世の中はどうなるであろう。もうわしは死にたい』といふことを能くご沙汰になつた」(『明治天皇の御日常』昭和五十一年復刻版)

わずか十五歳のときから、大日本帝国の統治者として、激動の時代を生き抜いてきた天皇のご日常にも、長年にわたる心身過労の重い影が落ちはじめていた。

大正天皇の生母でもある柳原愛子が、「……もし玉体に万一のことがありましては、日本国中の者が非常に心配致しますから、それを思し召して是非とも医者に能く御身体を御診せになつて、今の間に御養生願ひたい」と直諫したが、天皇はひどくご不快なお顔をされたという。

皇族はもとより、臣下や国民に無用な心配を掛ける事態を、何よりも憂慮されていたのである。

元宮内省調査課長・栗原廣太という人物が、『明治大帝』の中でこんな挿話を紹介している。

「大帝は大日本帝国を総攬し給ふ、一天万乗の君たることを常に意識され、宮城にのみましまして、只管国家国民の為に玉体をも顧み給はず御精励遊ばされました」

だが、あるとき宮内大臣に向かってきわめて印象に残るお言葉を洩らされた。

「卿らは辞職さえすれば、責任を免れることが出来るが、朕には全く其の道がない」と。

次第に悪化する陛下の御容体

明治四十五年（一九一二）七月初旬以来、体調のすぐれない日々がつづいていた。

十五日の枢密院会議に親臨されたときには、議事の途中に居眠りされるという異例の出来事が起こった。

このとき陛下のご体調を伺っていなかった陸軍元帥の山縣有朋は、軍刀の鐺で床を強く打ったとつたえられる。伺候の大臣や顧問官も、しばしば恍惚として仮睡される様子を怪しみ憂慮していた。

七月十九日には、夕食後二杯のワインを傾けた後で床に倒れ、高熱を発して昏睡状態に陥られた。翌日、拝診した侍医が尿毒症と診断した。

ただちに天皇の不例（ご病気）が、官報号外で国民に発表された。

七月二十八日付「東京朝日新聞」に、「いけ！　二重橋へ」という次のようなトップ記事が掲載された。

「此処に打集ふ老若男女の、或は天を仰ぎて神明に祈り、或は地にぬかづきて悲涙に暮るゝ様を見るにつけても、上下挙げて大君を思ひ奉る我が国ぶりを目の当たりに縮め見る心地して、人をして覚えず襟を正さしむ……」

日本各地から、皇居前広場に昼夜をわかたず押しかけてきた人々は、二重橋前に正座して玉砂利に額を押しつけて、ひたすら陛下の御快癒を願った。そして、全国津々浦々の神社仏閣ではいっせいに御平癒の祈禱が捧げられた。

しかし、国民の願いもむなしく陛下の容体は悪化していった。

明治、大正、昭和三代の天皇にお仕えした皇族妃の梨本宮伊都子が残した日記がある。その一節に明治天皇のご最期が克明に誌されていた。

「（七月二十九日）十時半ころ奥より御むかへ来り。御一同御そばに参れとの事、いそぎ御前に参れば、御病床のぐるりには皇后陛下も連日連夜のご看護に御つかれも遊ばされず、しほ〳〵と御座あらせられ、其わきに皇太子同妃殿下、各内親王殿下、御付そひ遊ばし、猶、岡侍医頭をはじめ三浦・青山両博士も御付きりにて御手あて申上つゝあり。……一分ごとに御呼吸もかすかにならせられ、御のどに御たんのかゝりしやうにて二、三御せきばらひのやうに遊ばし、次第〳〵にご呼吸もきえがちにて、十時半にチンとうつころしんしんとなり、御呼吸もはや御たえ遊ばしたらん。一同たゞ涙のむせぶ音のみ。二、三分して俄にふとき御声にて二言斗オホン〳〵とよばせられたる故、皇后陛下は『何にてあらせらる丶やら』と御伺遊ばしたれども、其後は何の御音もなく只スヤスヤと眠るがごとくにて遂に長き眠りにつかれ給ひたり。ア、実に何にたとへんか。一同しばし御そばはなれ得ず。御なごりおしくも御じぎ申上げ退る」（小田部雄次『梨本宮伊都子妃の日記』）。

崩御を知らせる新聞号外

明治四十五年七月三十日、宮内大臣と内閣総理大臣が連署した官報号外が告示された。

「天皇陛下今午前零時四十三分崩御あらせらる。

昨二十九日午後八時頃より御病状漸次増悪し、同十時頃に至り御脈次第に微弱に陥らせられ、御呼吸は益々浅薄となり、御昏睡の御状態は依然御持続あらせられ、終に今三十日午前零時四十三分心臓麻痺に因り崩御あらせらる、洵に恐懼の至に堪へず」

宝算六十一歳。

午前三時過ぎ、崩御を知らせる新聞号外が帝都に出た。まだ明けやらぬ夏の街に、すでにあふれ出ていた人々が号外を奪い合った。その翌日、黒枠で囲んで発行された新聞の片隅に、天皇の崩御によって帝都の株価が大暴落したという記事が小さく掲載されていた。

大葬の行われた九月十三日夜、青山練兵場の葬場殿に向かう天皇の霊柩（れいきゅう）を乗せた轜車（じしゃ）が皇居二重橋を通過したとき、陸軍の弔砲と、東京湾の海軍の艦砲が同時に轟（とどろ）き、市内の寺院の弔鐘（ちょうしょう）がいっせいに鳴り響いた。

まさにそのとき、学習院長・乃木希典（のぎまれすけ）陸軍大将が妻静子と共に、明治帝の御後（みあと）を追って自邸で殉死（じゅんし）した。

明治という時代が終わった。

●明治を象徴する軍人、教育者

乃木希典（のぎまれすけ）

一八四九〜一九一二

弊家ハ小生共一代（へいかはしょうせいともいちだい）

明治三十七年、日露戦争の激戦地・旅順に出征中の乃木将軍（当時は第三軍司令官）。（写真提供／近現代PL／アフロ）

凱旋した将軍を迎えた駅

明治三十九年（一九〇六）一月十四日、寒風は強かったが日曜日の空は晴れ上がっていた。午前十時過ぎ、凱旋した乃木将軍や元帥たちを乗せた特別列車が新橋駅に到着した。祝砲が轟き、軍楽隊の吹奏がはじまると、日比谷方面で歓迎の花火が上がった。

停車場の内外に万歳三唱の声がひろがり、出迎えの群衆がプラットホームに殺到して、凱旋将軍たちが立ち往生する騒ぎが起きていた。

当時の新聞は騒動のさなかにあって、日の丸の小旗にとり囲まれた乃木将軍の異様な孤影を報じている。

「ただ見る寒厳枯木影寒き一老将の粛々として車を下れるあり。眼光炯々巌下の電の如く将官略帽を戴き黒色外套を着し居たり」

将軍乃木は元帥たちと馬車に乗りこんで皇居に向かった。明治天皇に戦勝報告するためであった。

他の将軍たちは礼服に着がえて拝謁の間に入ったが、乃木だけは硝煙漂う戦塵に汚れた軍服姿で陛下に拝謁した。そして自ら起草した凱旋の復命書を大音声で読み上げた。

「作戦十六箇月間、我将卒ノ常ニ勁敵ト健闘シ、忠勇義烈、死ヲ視ルコト帰スルガ如ク、弾ニ斃レ、剣ニ殪ルルモノ皆、陛下ノ万歳ヲ喚呼シ、欣然トシテ瞑目……」

奏上は感極まってしだいに乱れ、しばしば絶句し涙で途切れた。

延々と続く報告を、乃木は声涙ともにこう締めくくった。

「臣希典不肖にして、陛下の忠良なる将校士卒を多く旅順に失い申す。この上はただ割腹（切腹）して罪を陛下に謝し奉らん」

明治帝は無言で傾聴していたが、乃木が退出しようとしたとき、こう言葉を掛けた。

「卿（貴殿）が死して朕（天皇）に謝せんとの苦衷は、朕も能く之を解したり。然れども死は易く生は難し。今は卿の死すべき秋に非ず。卿若し強ひて死せんと欲するならば宜しく朕が世を去りたる後に於いてせよ」（大正元年九月二十四日付『国民新聞』）

陛下の恩情に涙にむせびながら退出した乃木希典は、「もし死して責任とるなら、朕が世を去った後にいたせ」という明治帝の仰せどおり、その崩御まで自裁を待った。そして、六年後に宿願を果たした。（大濱徹也『乃木希典』参照）

突撃して玉砕する肉弾戦法

日露戦の勝利は、苦い勝利だった。

この戦役に動員された青年、壮年の男たち百八万人のうち、八万四千人という信じられない数の日本の将兵が満州荒野の戦場で命を落としている。なかでも日露戦争の勝敗をわけた激戦地、旅順二〇三高地における第三軍の攻防戦は凄惨であった。

総司令官・乃木希典はロシア軍巨砲の砲列が待ちかまえる山頂に向かって、配下の歩兵部隊に突撃しては玉砕するという肉弾戦法を執拗にくり返させた。一隊全滅すればまた一隊と、突撃につぐ突撃を命令し、三か月間に一万八千人という信じがたい死傷者を出している。無数の戦死者の死屍は山腹を覆いつくし、兵士の血は河のように丘を流れ落ちたと、内外の新聞電報は報じた。

出征前の記念写真。夫人の左は長男勝典、右に次男保典、ともに激戦地で戦死した。（写真提供／近現代PL／アフロ）

この人海作戦をめぐっては、その錯誤を非難する「乃木愚将論」と、究極の戦術とする戦史研究家の擁護論が後世まで対立することになる。

戦場に投じられた戦費の総額は、日

本の国家予算の実に六年分に匹敵（ひってき）する金額にのぼり、一年半にわたる戦いで日本軍の戦費調達はすでに限界に達していた。

まさに国家経済が破綻（はたん）寸前という時期、偶然、敵国ロシア国内で不測の事態があいついで起こる。満州各地の対日戦での皇帝軍の惨敗にくわえて、国内で血の日曜日事件、戦艦ポチョムキンの水兵反乱など、ロシア革命につながる大事件が立て続けに勃発（ぼっぱつ）したのである。明治三十八年夏、米国大統領セオドア・ルーズベルトの仲介によって、戦意喪失した敵国ロシアとの間で日露講和条約が締結された。

その講和内容は国民には大きな不満を残したが、大国ロシアを相手にして小国日本が大勝利したというニュースは世界中を驚嘆させた。

二人の息子も激戦地で戦死

凱旋した乃木将軍を迎えた明治の国民は熱狂した。

数々の逸話は当時の国定教科書の修身の教材となり、街では二百三高地髷（まげ）と称する婦人の新しい髪型が大流行した。活動写真館では軍神乃木を演じる役者がスターとなり、旅順攻防戦は講談、浪曲でも大人気の演目となった。

市内の戦勝報告会などに軍服姿の乃木が現れると、聴衆は総立ちとなって「乃木大将、万歳」を連呼した。

乃木への称賛は皇国への忠誠心だけではなかった。父親として長男勝典（かつすけ）、次男保典（やすすけ）という二人の息子を旅順の激戦地であい次いで戦死させている。親兄弟を日露戦役で失った何百万という全国の遺族と、その悲嘆を衷心（ちゅうしん）から分かち合えたのである。

帰還後の乃木は遺族に謝罪するため日本各地を巡回しているが、あるとき信州で行った「戦役講演会」では、こんな光景が目撃されている。

〈大将は如何（いか）にすすめても高い演壇に登りませんでした。そして粛然として聴衆の前に突つ立つたまま、「諸君」と呼び、「諸君、私は諸君の兄弟を多く殺した者であります」と言つたまゝ、頭（こうべ）を垂れ、はら〳〵と涙を流し、遂（つい）にハンケチを出して顔を掩（おほ）ひすすり泣きして次の句を言ふことができませんでした。講演はこの一句を以（もっ）て終はりました。一句の講演でも満場を感動させて、一人として泣かぬものはなかつたと申します〉（竹沢義夫『児童修身叢書第一編・乃木大将』）

後半生の乃木は日露戦役の功によって数々の勲章、大綬章を授与され、年金一千五百円を賜（たま）わり伯爵の爵位を贈られた。一年後には、寵愛（ちょうあい）いちじるしい天皇の意向で学習院院長に任命され、後の昭和天皇はじめ皇族、華族の子弟を教養することになる。

「希典、今は悉く愛子を失ひたれば、その代はりに沢山の子を与ふべし、今より学習院の生徒を汝の子と思ひて育てよ」

戦役で数多くの将兵を死なせた自責の念に苦しみ、なおかつ二人の愛息を失って傷心をかかえる乃木の心情を思いやる明治帝の聖慮であった。（山路愛山『乃木大将』参照）

御大葬の葬列が出発したその時

明治四十五年七月三十日午前零時四十三分、明治帝が崩御された。

大正と改元された九月十三日午後八時、号砲とともに御大葬の葬列が皇居から青山練兵場・葬場殿に向かって出立した。まさにそのとき、赤坂区新坂町の自邸で乃木希典は静子夫人とともに殉死を遂げた。

夫人の姉、馬場サダ子の証言がある。

その日、皇居で殯宮を参拝して帰邸した二人は、自宅応接間に写真師を呼んで記念写真を撮らせ、いつものように快活に歓談し、好物の蕎麦などを喫した。夜八時前、夫人が下りてきて葡萄酒を持って二階に上がっていったが、やがて階上で大きな物音がした。女中が二階に駆けつけると、施錠した室内から将軍の声と夫人のかすかな呻吟が聞こえた。

急報した警官詰所から来た警部補が二階の戸をこじ開けると、八畳と六畳の二間の中敷居の襖が外されていて、電灯に照らし出された居室の小卓に明治帝の御真影が奉安されていた。暖炉の上に飾られた戦死した長男勝典、次男保典兄弟の遺影が、奥の将軍の居間に倒れ伏す殉死した両親の姿を見つめていた。

日本武士古来の見事な切腹

検死にあたった警視庁警察医員・岩田凡平が作成した『乃木将軍及同夫人死体検案始末』と題する報告書が現存する。

静子夫人は宮中に参候したときの白襟紋付の死装束で、夫君と相対して正座して、懐剣で礼服の胸部を自ら三度まで刺している。だが致命傷には至らなかった。

呻吟して苦悶する妻の姿を見かねた夫君が自死を手伝っている。畳の上で懐剣を握って刃先を上に立て、その上に静子夫人の上体を強く被せて自裁を幇助したと推定されている。

夫人の礼装の乱れを整えた後、軍服の上着をとった将軍は明治帝の御真影の前に黒羅紗の軍服ズボン姿で端座して、白色カシミヤ襦袢の前ボタンを外すと、軍刀によって型どおり腹を十文字に切り、刃先を立てて握った軍刀に向かって上体を倒して頸動脈を切断した。一瞬にして絶命したと思われる。

日本古来の武士の作法にかなった見事な切腹であった。

殉死前後に書いた自筆の遺書

小机に奉安された明治帝の御真影の前に自筆の遺書があった。

「自分此度、御跡ヲ追ヒ奉リ自殺候段恐入候儀其罪ハ不軽存候。然ル処明治十年之役ニ於テ軍旗ヲ失ヒ、其後死処得度心掛候モ其機ヲ得ス。皇恩之厚ニ浴シ、今日迄過分ノ御優遇ヲ蒙追々老衰最早御役ニ立候時モ無余日候折柄、此度ノ御大変何共恐入候次第、茲ニ覚悟相定候事ニ候」

この第一条の遺言に続いて、第二条には、「皇恩によって華族の優遇まで蒙ったが、乃木家は二人の息子も戦死して跡継ぎも絶えた。養子に継がせるという忠告もあったが、汚名を残す憂いも無しとはしない。天理に背きたくない」という大意が綴られていた。

（ちなみに遺書冒頭に出てくる「明治十年之役ニ於テ軍旗ヲ失ヒ……」は、明治十年西郷隆盛の「西南の役」に、政府討伐軍の連隊長として乃木が出陣したとき、部隊が起こした「軍旗喪失事

件」のことである）

以下、遺産、遺品、地所、家屋、御下賜品などの分配、あるいは自らの遺体の医学校への寄与など細かい指示が第十条まで続いている。

遺言(ゆいごん)はこう締めくくられていた。

「伯爵乃木家ハ静子生存中ハ名義可有之候得共(これあるべくそうらえども)、呉々(くれぐれ)モ断絶ノ目的ヲ遂ケ候儀大切ナリ、右遺言如此候也」（静子の生存中は乃木家は存立する。それ以降は断絶させる）と。

さらに遺言状の宛名には、親戚で陽明学の師でもあった玉木文之進(ぶんのしん)の血縁の名前などがあったが、そこに「静子との（殿）」として、夫人の名も明記されていたのである。末尾に「大正元年九月十二日夜」とあることから、遺書は自殺前夜に書かれたことが判明している。前夜まで、将軍は夫人をこの世に残して一人で切腹する存念だったのである。

殉死当日にその決意を妻に打ち明けたのであろう。夫君の覚悟を聞いたとき、夫人は即座に死出(しで)の旅への同行を懇願したはずである。日露戦役で二人の愛児を喪(うしな)い、今また夫に先立たれると知った妻に、その後の人生を一人で生きていく勇気や希望が残っていたとは思えない。

明治という激動の時代は、乃木夫妻の殉死をもってその幕を閉じた。

百年後に発見された乃木の私信

乃木希典が劇的生涯を閉じて、すでに百年近い歳月が流れていた。

平成二十四年（二〇一四）二月八日、ある新聞夕刊に「乃木希典、家断絶覚悟の手紙」と題した記事が掲載された。陸軍大将時代の部下だった陸軍少尉佐藤正に送った乃木の自筆書簡が発見されたという特集記事であった。

手紙の消印は明治四十三年七月六日、自裁する二年前になっている。

当時の乃木は学習院院長であり、佐藤も広島にある修道中学理事長になっていた。退役後も教育者同士として親交を深めていたのである。

以下、記事で紹介された書簡の内容である。

「……日露戦争で二人の息子を亡くした乃木に、養子縁組を勧めるかつての部下・佐藤正に対して、『弊家ハ小生共一代』（乃木家は我が一代限り）と、伯爵家跡継ぎとしての養子縁組は考えていないと謝絶している。そして、天皇陛下や戦死した将兵の遺族に対して『申譯ナク』と謝罪し、息子二人の戦死は『愚父ノ面目ヲ添ヘタル』と、かえって面目を保てたとしている」（「読売新聞」夕刊）

殉死の際の乃木の遺書にも「伯爵乃木家ハ……呉々モ断絶ノ目的ヲ遂ケ候儀大切ナリ」

と記されていた。だが、乃木の遺書をめぐって伯爵家の断絶を認めることは、華族制度の根幹を揺るがす大問題であると政官界から賛否の論議が巻き起こる。そのために一度は元主君であった長府毛利家から乃木家後継の養子をたてたが、短期間で廃嫡(はいちゃく)になる騒動などが起きている。

日露戦で多数の将兵と我が子を殺した贖罪(しょくざい)として、乃木家の血を自分一代で断絶したいと切望した武人の願いが公的に叶(かな)うのは、華族制度の法改正が実施された没後二年を経てからのことであった。

第4章

江戸文化を築いた文人墨客の末期

千利休／松尾芭蕉／小林一茶

千利休(せんのりきゅう)

●信長、秀吉二代に仕えた茶聖

一五二二〜一五九一

かなしく候(そうろう)

長谷川等伯画。

死の十三日前に書いた書状

天正十九年（一五九二）二月二十八日早朝、関白秀吉の逆鱗にふれて一代の茶人・千利休が京都の屋敷で切腹して果てた。享年七十であった。

秀吉によって京都を追放され、故郷・堺の自邸に蟄居謹慎を命じられていた利休が、死の十三日前に書いた最後の自筆書状がある。師の追放処分に驚いた高弟のひとり、武将芝山監物が使者に届けさせた見舞い状への返状である。

届けにきた使者を玄関先に待たせたままで、利休は返信をしたためている。見舞い状への御礼と、住みなれた京の都への名残惜しさなどを切々と訴えた後に、「おもひだす事も猶々なみだに候。やがてやがて待ち申し候……」と綴られていて、その末尾に、ただ一筆だけ投げだすように、「かなしく候」と走り書きされている。

堺の商家の家系でありながら、武士にも負けない剛胆、かつ冷静沈着な人柄だったと伝えられる茶人利休が、胸中にあふれる哀しみを思わず洩らしたひと言であった。「やがて、やがて待ち申し候」とあるのは、もちろん、やがて切腹しなければならないその日のことである。

謎が多い利休切腹の真相

利休は茶の湯の師匠として、太閤秀吉の「筆頭茶頭」であっただけでなく、「御茶湯御政道」と呼ばれる政治的側近でもあった。

当時の利休の権勢を伝える有名な書状が残っている。大坂城ではじめて秀吉に拝謁した九州のキリシタン大名・大友宗麟が、国もとの重臣に書き送った書状の一節である。

「宗易（利休）ならでは関白様へ一言も申上る人これ無しと見及び申し候」

関白秀吉様にひと言申し上げることができる人物は、茶人利休以外には一人もいないとお見受け申した、というのである。

切腹事件はこの書状が書かれたときからわずか五年しか経っていない。

茶道ばかりか政道の中枢にいたという利休が、なぜ、突然、太閤秀吉から切腹を命じられることになったのか。その真相については十指にあまる諸説があって謎が多い。

なかでももっとも有力な説は、京都大徳寺山門に安置されていた利休の木像をめぐる騒動である。寺では頭巾をかぶり、雪駄を履き、杖をついた雪見姿の利休の木像を山門の楼上に安置していた。戦火で焼失したままになっていた山門に、利休の寄進によって金毛閣が再興された功績を称えたものである。

ところが朝廷の勅使(ちょくし)や太閤秀吉もくぐる山門の頭上に、雪駄履きの利休の木像が置かれているのは不敬きわまりないと、石田三成(みつなり)はじめ豊臣政権のとり巻き連中が非難攻撃しはじめて、事態は思いがけない方向に展開していく。そのあげく利休は冤罪(えんざい)にちかい不敬罪によって、切腹を命じられることになったという説である。

さらに門弟の大名などへの茶道具売買や目利きで、法外な利益を得る私曲(しきょく)（不正）があったと噂されていて、

大阪府堺市にある利休屋敷跡。いまも愛用の井戸が残っている。（写真提供／時事通信フォト）

「近年、新儀の道具を用意して、高値(こうじき)に売る。売僧(まいす)の頂上であるとて、関白様が、もってのほかのお腹立ちであったそうな」（興福寺『多聞院日記』）

などという記録が残っている。新儀の道具とは、利休が創案した新しい茶道具のこと。売僧とは、徳があるように見せかけて、仏を売ったり仏法を商ったりする僧の蔑称である。

他に紀州徳川家伝来「千利休由緒書」の聞書に残されている「十市縫殿助物語」という出来事が、切腹の原因になったとする噂が当時から流布されていた。

天正十七年（一五八九）二月、京都東山に鷹狩りに出かけた秀吉が、その帰途、ふと見かけた三十すぎの美女の色香にひかれて供の者に調べさせると、万代屋に嫁いだ千利休の娘で後家になって出戻っている次女（三女という説もある）だと判明した。

ただちに側室として差し出すように命じたが、娘が三人の幼い子の母であることや、娘の奉公で親が立身出世したと世間に噂されることには耐えられないなどの理由をあげて利休は強く拒絶した。

この一件に激怒した秀吉が処罰を断行したという伝聞である。

秀吉との一触即発の関係

切腹の申し渡しがあったとき、秀吉の母の大政所、妻の北政所、前田利家の妻などが、使いの者を利休のもとにやって、

「命乞い致すから、よくよく関白様にお詫び申し上げるように」

と申しつけて助命嘆願する動きがあったが、剛直な利休は、

郵便はがき

62円切手を お貼り ください

101-0003

東京都千代田区一ツ橋2-4-3
光文恒産ビル2F

(株)飛鳥新社　出版部

『日本人、最期のことば』
読者カード係行

フリガナ ご氏名	性別　男・女 年齢　　　歳
フリガナ ご住所〒 TEL　　（　　）	
ご職業 1.会社員　2.公務員　3.学生　4.自営業　5.教員　6.自由業　7.主婦　8.その他（　　）	
お買い上げのショップ名　　所在地	

★ご記入いただいた個人情報は、弊社出版物の資料目的以外で使用することはありません。

このたびは飛鳥新社の本をご購入いただきありがとうございます。

今後の出版物の参考にさせていただきますので、以下の質問にお答えください。ご協力よろしくお願いいたします。

■この本を最初に何でお知りになりましたか

1.新聞広告（　　　　　　新聞）
2.webサイトやSNSを見て（サイト名　　　　　　　　　　　　　　）
3.新聞・雑誌の紹介記事を読んで（紙・誌名　　　　　　　　　　　）
4.TV・ラジオで　5.書店で実物を見て　6.知人にすすめられて
7.その他（　　　　　　　　　　　　　　　　　　　　　　　　　　）

■この本をお買い求めになった動機は何ですか

1.テーマに興味があったので　2.タイトルに惹かれて
3.装丁・帯に惹かれて　4.著者に惹かれて
5.広告・書評に惹かれて　6.その他（　　　　　　　　　　　　　　）

■本書へのご意見・ご感想をお聞かせください

■いまあなたが興味を持たれているテーマや人物をお教えください

※あなたのご意見・ご感想を新聞・雑誌広告や小社ホームページ上で
1.掲載してもよい　2.掲載しては困る　3.匿名ならよい

ホームページURL http://www.asukashinsha.co.jp　　日本人、最期のことば 2018.09

「それがし、天下に名ある者が、婦女子のために死を免れたとあっては後世の聞こえもいかが」

と、命乞いを固辞したと伝えられている。

関白に成り上がった秀吉から見れば、堺の魚問屋の息子にすぎない茶人利休が、茶室のしつらえなどで天下人（てんかびと）の好みを無視して仕立て代えしたうえで、門人の前で恥をかかせるなど、年経るにしたがって目に余る増上慢（ぞうじょうまん）な振る舞いが増えていた。事件をめぐって一部の史家の間には、本来は磔刑（たっけい）に処すところを大政所や北政所の取りなしがあったからこそ、武士並みの切腹を許されたのだという説もある。

だがこうした悲劇的な結末を招いた真の理由は、数々の風説、俗説とはかけ離れたところにあって、当代一の茶人利休と権力の頂点に成り上がった関白秀吉との間で、おたがいの人格や美意識をめぐって長年生じていた埋めがたい溝が、この時期にいたってついに断裂したとする説のほうが有力なようである。

天下平定をはたして朝廷さえ支配下に置いていた秀吉にとって、いまや屈服させることができない存在は茶の湯の利休だけであった。

「利休が幇間（ほうかん）になって屈服しない限りは、両者のいずれかの死をもってしか解決されない

相剋であった」(芳賀幸四郎『千利休』吉川弘文館)

すでに、いつ一触即発してもおかしくないところまで二人の関係は緊迫していた。

秀吉は茶道を極めて政治的な道具として活用していた政治家である。いわゆる「茶湯御政道」である。

天下人となった秀吉は配下の大名や武将などを懐柔するうえで、利休の大小の茶席を巧妙に利用してきた。あるときは配下を茶室に招いて胸襟をひらいて一刻を過ごし、また別の折には手柄を立てた武将に茶碗などの高価な名物茶道具を与えて褒賞した。

しかし秀吉を差し置いて筆頭茶道の利休に近づき、茶室にひそかに昵懇な大名が寄り集う動きには目を光らせていた。とりわけ今回の事件のように利休を厳罰に処してからは、太閤の処分に反感を持つ周辺大名たちの一挙一動を幕吏に監視させていた。

なかでも細川三斎（名は忠興）は、「茶の湯数寄道に習いなし、上手のとりおこなふを似せるこそ、其の身面白」(『細川茶湯之書』)と、茶の湯に懇切な指導などない。ただ上手な人を真似て修練するのみ、として千利休の茶道に心酔し傾倒していた。

すでに都では蟄居処分を受けた利休が、川舟で故郷堺に護送されるという噂が流れていた。太閤が罪人として追放した利休を見送ることは、大名や配下の武将にとっては大きな危険(リスク)の伴う行動であった。だが細川三斎は危険を顧みず、淀の津から堺に向かう護送の川舟を蘆(あし)の蔭に身をひそめて見送った。その姿に舟上で気づいた利休はよほど感激したのであろう。ただちに三斎の老臣宛に、「驚存候(おどろきぞんじそうろう)。忝由(かたじけなき)、頼存候(たよりにぞんじそうろう)」と、後難をおそれず見送ってくれた細川三斎に深い感謝の念を伝えている。

天下一の茶人が迎えたその日

二月二十六日、堺の実家に蟄居を命じられていた利休は京の葭屋町(よしやまち)の自邸に連れ戻された。秀吉という成り上がり者の狭量な度量を知りつくしていた利休は、すでに切腹を覚悟していた。

その前日から大徳寺山門の楼上に安置されていた問題の利休の木像は、聚楽第(じゅらくてい)に通じる大通り近くの一条戻橋(いちじょうもどりばし)のたもとに磔にされて晒(さら)されていて、木像の磔という前代未聞の光景を見物するために貴賤(きせん)の大群衆が橋ぎわに押しかけていたという。

京都に連れ戻されて二日目、天下一の茶人はその日を迎える。

嵐のように荒れた空模様の都には、朝から天地をゆるがす雷鳴がとどろき、大粒の雹(ひょう)が瓦屋根を激しく叩いていたといわれている。(『北野社松梅院禅昌(ぜんしょう)日記』)

葭屋町の利休屋敷のまわりを、折から上洛していた上杉景勝の三千という軍勢がものものしく取り囲んで警備していた。日ごろから利休に心寄せている門弟の諸大名たちが、謀反を起こして天下の茶人を取り戻す動静を恐れた秀吉の厳命であった。

やがて、切腹を見届けるために幕府から派遣されてきた三名の検使が到着すると、利休は茶室不審庵に迎え入れて一服の茶を点てて進上した。

静かに一会の茶事を終えると、利休は武家の作法にかなった見事な所作で十文字に腹をかき切った。切腹の介錯を務めたのは茶の湯の弟子であった蒔田淡路守だったが、打ち落とした首が座敷にころがると、血の海となった茶室不審庵に入ってきた妻のおりきが、手にした白い小袖を首のない夫の遺骸の上にそっと掛けたと伝えられている。

利休の首は検使の手で聚楽第に届けられたが、首実検に及ばずという秀吉の命令で、これを一条戻橋で、利休の首に長い鎖をつけて、磔にされていた木像に結びつけ、雪駄履きの足もとに転がして無残にも道行く人の晒しものにした。

利休の最期については、後世のある茶道文献（奈良の豪商松屋一門の末裔、松屋元亮が編纂した『茶湯秘抄』五巻）には、以下のような衝撃的な異説がおさめられている。

検使を茶室の外で待たすと、利休は茶室の床（床の間）に腰を掛けて、炉にはらむ松風

の音に耳をかたむけながら、

「介錯は自分が合図するまで待ってほしい。万一言葉を発することができないときは手で合図する」

と、介錯の者に伝えた。しかし脇差の最初のひと突きがうまくいかず、引き抜いて、再度突き立てて一気に脇差を腹に引きまわした。そのうえで臓腑(ぞうふ)を手で鷲摑(わしづか)みにして引きだすと、茶室の自在の蛭鉤(ひるかぎ)に引っ掛けてから十文字に腹をかっさばいたという。利休がかすかに手を挙げた瞬間、介錯の白刃が振りおろされた。

事実であれば、戦国武将の最期を思わせる見事な切腹である。しかし、事件から百五十年近くを経て編纂されたこの記録の真偽を確かめるすべはない。

関白秀吉、利休懐旧の日々

利休の死から七年後に太閤秀吉は他界するが、その晩年には、いっときの短気から利休を厳罰に処したことを悔いていたと思われる逸話が数多く残されている。

なかでも利休が死去した翌年五月、朝鮮出兵のために出かけていた九州肥前の戦陣から、大坂城で留守居をしていた生母の大政所に送った秀吉自筆の書状が有名である。まず母を安心させるために、戦陣で自分もつつがなく過ごしていることを報告しているが、本文を書き終えた後の返し書きにこんな文句が出てくる。

「かへすがえす、一だんとそくさい、きのふりきうのちやにて御ぜんもあがり、おもしろくめでたく候まま、御心やすく候へく候。こなたの事あんじ候事、御むようにて、めしも一だんとたべ申候」

（きのうは利休流のお茶を点てて御膳もいただき、面白く、楽しく、息災に過ごしております。くれぐれもご安心のほどを。わたくしのことをご心配なさることは、どうぞご無用に。三度のめしもしっかりと食べておりますゆえに）

秀吉が生母に生涯孝養を尽くしたことはよく知られているが、難しい漢字をいっさい使わず、無学な母が自分で読めるようにほとんど平仮名だけで綴（つづ）ったこの文には、母を慕う息子の心情が自（おの）ずと溢（あふ）れている。

だがこの書状でもっとも注目されるのは、すでに一年以上前に利休を処刑しているにもかかわらず、昨日も利休流の茶を点てて会席料理もいただいて興趣深い日々を送っております、と生母に書き送っていることである。利休亡きあとも、一代の茶人と過ごした日々の思い出にひたり、ともに過ごした茶席でのひとときを幾度となく追憶していたと思われる。

さらにもうひとつ、太閤の利休懐旧をつたえる有名な逸話が残されている。

同じ年の十月、出陣していた肥前の戦陣から、筑前博多の豪商・神屋宗湛の屋敷に招かれて茶会に参席した折、同家の茶室で茶事がはじまると床の間に目をやった秀吉が、「その掛け物（掛け軸）はこの床には合わない。床をしつらい直せ。利休はそのような指南はしていないはずだ」（『宗湛日記』）

と、京都で利休との交流もあった亭主をたしなめたというのである。

晩年、あらためて利休の傑出した人品と器量に気づいた老残の天下人は、おそらく切腹を強いた短慮を後悔し、折にふれて在りし日の一代の茶人との茶事を懐かしんでいたのであろう。

●江戸前期の俳諧師、俳聖

松尾芭蕉（まつおばしょう）

一六四四〜一六九四

ばゞさま、およし、力落シ可レ申候。以上

（ちからおとしもうすべくそうろう）

森繁雄氏蔵。

死期を覚悟した俳聖の言葉

元禄（げんろく）七年（一六九四）十月五日のことであった。

旅の途上、重篤（じゅうとく）な病いに倒れた俳聖・松尾芭蕉は、大坂の御堂前（みどうまえ）南久太郎町にあった花屋仁左衛門の貸座敷に移されて余命いくばくもない日々を送っていた。

かたわらの真宗大谷派別院の裏御堂の瓦屋根をわたる木枯らしが、町屋のたちならぶ裏通りの枯れ葉を舞い上げて冬の到来を告げ始めた頃のことだった。

すでに数日前から、各地の門人に師の急を知らせる飛脚便が走っていた。

襖（ふすま）でへだてられた手前座敷には、師の危篤を聞いた伊勢、名古屋、大津などの名だたる高弟たちがつめかけていたが、気丈な芭蕉は近づく死にも取り乱す様子はなく、病床の汚れをはばかって用があるときしか病室に門人を呼び入れなかった。

五か月にわたる「おくのほそ道」六百里の長旅を終えて、すでに五年近い歳月が流れていた。

最期を迎える半年ほど前から、芭蕉はあたかも死期を察知していたかのように、所縁（ゆかり）のある各地への旅をいそいでいた。江戸を発ち、生まれ故郷の伊賀上野で数か月を過ごし、近江（おうみ）の義仲寺（ぎちゅうじ）に滞在し、京都を経て伊賀に立ち帰ったあとに、再び奈良を経て大坂にたどり着くという慌ただしさである。

このとき、すでに同行する者の手を借りなければ歩行に難儀するほど衰弱しており、夜ごと発熱、寒気、頭痛などに襲われていたという。

そのうえ、「泄痢（下痢）度しげくて物いふ力もなく、手足氷りぬれば……」という病状とともに吐瀉がつづき、まわりの人々があわやと覚悟する騒ぎが何度か起きていた。

だが、芭蕉はときとして高弟を枕頭に招いて、

「生死は天命とこそおぼし候へ。ただ心の安からんはありがたう侍る」と、生死は天命によるが、いま、こうして自分の心が安らかであることが何よりも有難いと、すでに死期を覚悟しているかのような言葉を洩らしている。（支考『芭蕉翁追善之日記』）

つめかけている門人のなかには菩提樹の念珠を手首にかけた僧籍の者もいたようで、香を薫きこめた座敷には師の命運を祈って称名を唱える声が常に流れていた。

俳諧への鬼気迫る執念

高弟たちは「今さら臨終に聞こえもなし」と、師が死に臨んで辞世の句を詠むことはないだろうと考えていた。路通という門人にこんな文章がある。（『俳諧勧進牒』）

芭蕉翁を弔う塚がある滋賀県大津市の義仲寺門前。（写真提供／山梨勝弘／アフロ）

「いにしへより辞世を残す事は誰も〳〵有事なれば、翁（芭蕉）にも残し給べけれど、平生即ち辞世なり。何事ぞ此節にあらんやとて、臨終の折一句なし」

師は日ごろから日々詠む一句一句がすなわち辞世である、とおっしゃっていた。だから、臨終に際しての辞世の一句はあり得ないのであろう、と書き残しているのである。

しかし亡くなる四日前、「昨夜目のあわざるまま、ふと、案じいりて」（『花屋日記』）、芭蕉は夜更けまで看病していた若い弟子に墨をすらせて一句を書きとらせた。

病中吟

旅に病で夢は枯野をかけ廻る

後の世に辞世の句として知られることになる一句である。

その夜の様子を高弟の支考（しこう）が日記に書き留めている。

病床でこの句を披露した師の芭蕉は、深夜、もう一度支考を枕頭に呼んで、先ほどの句には、「なをかけ廻る夢心」という別の句づくりもある。さて、前の句とどちらがよいであろうかと病床から身をのばして訊（き）いた。

支考は「旅に病んでなをかけ廻る夢心」という改句の真意を質（ただ）したかったが、ここで深い意味を尋ねて長い俳諧談義になり、師の重篤な病状にひびいてはと考えて、

「なににかおとり候半（そうらわん）」

はじめの句のほうが優れているのではありませんか、と答えてしまう。

だがあのとき師はこの改句にどんな微妙な思いを託していたのか、質さなかったことを、

「今は、ほいなし（残念だ）」と後悔している。（支考『笈日記（おいにっき）』）

臨終を間近にして、なおかつ病床からにじり出るようにして最期の句の改作にこだわったという逸話からは、

「終（つい）に無能無才にして此一筋（このひとすじ）につながる」（『幻住庵の記』）

と、日ごろから語っていた俳聖の俳諧一筋への鬼気迫る執念がつたわってくる。

人徳をそなえた師の面影

晩年には芭蕉の名声は諸国の俳人に広く知られ、往時の俳壇は蕉風一色に染め上げられていたと伝えられている。芭蕉の旅に明け旅に暮れた度重なる行脚（あんぎや）の折々に、各地の俳人たちは身近で師の肉声にふれる機会も多かったのである。人を惹（ひ）きつける高い人徳や慈悲深い人柄に感銘を受けた門人たちは、後々まで俳聖とあがめて芭蕉を神格化している。

晩年の弟子のひとり破笠（はりつ）は、「とかく翁は徳の高き人なり」（『老いのたのしみ』）と、師の人格を後年まで称（たた）えている。また師の信頼がもっとも厚かった高弟の去来（きょらい）は、「先師は慈悲あまねき心操（しんそう）にて、或ひは重（かさ）ねて我が翁の門下と名乗らんといふもの、その貴賤（きせん）、親疎とをわかたず、これをゆるし給ふものおほし」（許六編『俳諧問答』）と、貴賤、親疎に関係なく入門を許された多くの弟子たちから、深く敬慕された芭蕉の面影を語っている。

こんな逸話も残る。『おくのほそ道』の旅を終えた芭蕉が、墨染めの木綿小袖に細帯の布服の旅装で大垣藩の門人の屋敷で休憩していた。次席家老の戸田如水（じょすい）という人物が噂を聞いて自邸に招いて引見した。「戸田如水日記抄」にその時のことが記されている。
「心底計り難けれども、浮世を易く見なし、へつらわず奢(おご)らざる有様なり」（心の底はわからないが世俗的名利を求める様子もなく、ごく淡々とした振る舞いが心に残った）
好印象を持った次席家老は、翌日旅立つ芭蕉のために旅宿に風防のための頭巾を届けた。

文字の乱れた兄への遺言状

死の二日前には容態が急変し、「暮合より発熱して顔容つねにあらず。人々おどろく」（『笈日記』）という騒ぎになった。

いったん騒ぎがおさまって見舞い客や看病の人々が寝静まった夜更けに、師は隣室の支考を枕もとに呼んで、ひそかに遺書三通を書きとらせた。知人への永訣(えいけつ)、形見分けなどを誌(しる)したものである。

さらに一通。伊賀上野に住む兄・松尾半左衛門宛の遺書だけは自ら筆をとってしたためた。以下は、文語調の書状の大意である。

「わたくしが先立つことを、さぞ残念に思し召(おぼめ)すでしょうが、兄上はこの先もご子息を頼りに長く生きぬかれ、いずれのときにか、お心静かに命脈つきる日をお迎えくださいますように。事ここにいたっては、もはや他に申し上げることもございません……」

とあって、数人の知人によろしく事情をお伝え願いたいと頼んでいる。

そして、行を改めて、一筆だけこう書き添えている。

「ばばさま、およし、力落シ可レ申候。以上」(書状の原文)

ばばさまは兄の老妻、つまり嫂(あによめ)であり、およしは兄夫婦と同居していた芭蕉の末妹だといわれている。そちらの嫂さまや妹のおよしも、私の訃報に接してさぞ力を落とすことでしょうが……と、自らの死が二人に与える悲嘆を慮(おもんぱか)っているのである。

さらに、最後に強い筆致で書き留められた「以上」という文末の二文字には、肉親への思いを断ち切って死出(しで)の旅に向かう万感の思いが込められていることはいうまでもない。

「芭蕉翁記念館」(三重県伊賀市)に現存する兄・半左衛門宛の遺言(ゆいごん)状を見ると、日ごろ諸事にわたって冷静沈着であった芭蕉翁には稀(まれ)な名前の脱字や訂正、あるいは文字の乱れなどが数か所あって、死を二日後にひかえた俳聖の痛々しい肉声を聞く思いがする。

支考の手記によると、遺書を書き終えた芭蕉は、その後「不浄を浴し、香を焼きて後、安臥(あんが)」とあり、介護の者がからだを浄(きよ)め香を薫(た)きしめたあと、安らかに眠りに落ちたようである。

一同茫然とした終の別れ

翌日の十一日からは、病室に自句を披露にきた門人たちにも、「今日よりはわが死後の句である」と告げて、すでに死を覚悟している様子で食事の椀も手にしようとしなかった。

やがて、旧暦の元禄七年十月十二日を迎える。

昏睡状態がつづいていて、急を聞いてつめかけている門人、知人も「師の命は此日にきはまりぬ」と、息をひそめて次の間に控えていた。

師の臨終にいたる詳細な様子が、支考の「芭蕉翁追善之日記」に書き留められている。

病床では二人の門人が昏睡する師の枕頭に待機していた。高弟の支考は師が何事かを話されたとき両人が聞きもらしはしないかと、その背中をじっと見つめて傍にひかえていた。

昼近くになって、長い眠りから目覚めた師があたりを見まわした。

支考がさっそく枕もとの粥の椀をすすめると、介護していた二人の門人に助け起こされたが、わずかに唇をぬらすだけに終わった。

折からこの日は冬の初めとは思えぬ暖かい小春日和の日であった。

白い障子の桟に蠅が数匹いたのだが、門人たちがそれをにくんで鳥もちを竹の棒に塗って座敷を追いかけた。その光景を病床で見ながら、芭蕉は上手と下手があるのをおもしろがってかすかな笑い声を洩らした。師のその様子に介抱していた一同も、それまでの緊張がとけて病室はいっときなごやかな雰囲気につつまれたという。……だが「其後は何事もいはずになりて臨終申されしに、誰も〳〵茫然として終の別とは今だにおもはぬなり」という終焉を迎える。

もうひとりの高弟・其角の「芭蕉翁終焉記」の書中には、正確には十月十二日の申の刻（午後四時頃）に他界されたという臨終の記録が残されている。支考が日記に書き留めている病床の出来事のわずか四、五時間後に、芭蕉は五十一歳を一期としてこの世を去ったことになる。

華麗な死に装束で最後の旅へ

「骸は木曾塚に送るべし」

かねてから、自分が他界したときは亡きがらを近江の義仲寺に送り、悲運の武将、木曽義仲と塚をならべて葬ってほしいと芭蕉は遺言していた。大津の琵琶湖の渚にほど近い義仲寺は生前たびたび足を運び、寺内の庵に滞在して幾度か句会をもよおしたことのある懐かしい寺院であった。

日ごろから奥の細道などの行脚（あんぎゃ）の折には、芭蕉翁は粗末な麻の衣を愛用していたことで知られているが、臨終が近づいたとき、花屋仁左衛門の貸座敷に見舞いに駆けつけた富裕な門人たちが、着古した垢（あか）のついた麻の衣を着て病床に就いている師を遺憾に思い、持参した心づくしの絹の衣や、金糸銀糸の刺繍（ししゅう）をほどこした華麗な織物などに代えて差しあげたと、ある高弟は記述している。

だが、いよいよ死出の旅に発つ間際には、親しい門人のひとりであった尼僧（にそう）が、真心こめて縫い上げた白い麻衣や帯、足袋（たび）などを、永眠した芭蕉翁に着せ代えて差しあげたという。

「（芭蕉翁が）十二日の申（さる）の刻（こく）ばかりに死顔うるはしく睡（ねむ）れるを期（ご）として、物打（ものうち）かけ夜ひそかに長櫃（ながびつ）に入（いれ）て、あき人の用意のやうにこしらへ、川舟にかきのせ……」（其角『芭蕉翁終焉記』）

大坂の貸座敷で眠れるように静かに息をひきとった芭蕉の亡きがらは、その夜、新しい麻の旅装につつまれてひそかに長櫃に入れられ、あき人（商人）が舟に荷を運びこむ支度（したく）のように見せかけて門人たちの手で川舟に乗せられた。

冬の川旅はしんしんと冷えた。乗りこんだ十人の門弟、知人たちは、川舟の屋根からもれる夜露のしずくのもと、師の長櫃を囲んで生前の思い出をしのびながら大坂の港から淀川(よどがわ)をさかのぼって伏見に向かった。

伏見から義仲寺に柩(ひつぎ)を移してとりおこなわれた十四日の葬儀には、大坂、京、大津の門人はもとより、噂を聞いて各地からはせ参じた武士、町人などの弔問客が三百人を越えたという。琵琶湖からの寒風が吹きあげる厳寒の境内(けいだい)で、長蛇の列をなした人々の哀惜(あいせき)をこめた焼香が延々終日つづいたと伝えられている。

遺言どおり芭蕉の亡きがらは近江国膳所(ぜぜ)の義仲寺の門前からほんの少し引きこんだところ、清らかな小川の流れる杉木立のかたわら、木曾塚の右がわに木曽義仲の墓とならんで葬られた。

旅の詩人と呼ばれ、みずからも、

「拙者(せっしゃ)浮雲無住の境涯大望故(たいもうゆえ)、かくのごとく漂白(ひょうはく)いたし候(そうろう)」

と、語っていた俳聖の最後の旅は終わった。

●芭蕉、蕪村とならぶ信濃の俳諧師

小林一茶

一七六三〜一八二七

耕さずして喰ひ、織らずして着る体たらく、今まで罰のあたらぬもふしぎ也。

村松春甫画。

春の朝、泣きながら江戸へ

一茶が幼い日を送った信濃国の柏原は、越後との国境にほど近い寒村である。冬ともなれば豪雪が街道を埋めつくし人馬の往来も途絶えて、村民は息をひそめて冬籠もりする土地柄であった。

宝暦十三年（一七六三）、一茶はこの地の農家の跡継ぎ息子として生まれた。句文集『おらが春』に幼時の追憶がある。

「親のない子はどこでも知れる、爪を咥へて門に立、と、子どもらに唄はるゝも心細く、大かたの人交りもせずして、うらの畠に木・萱など積たる片陰に踞りて、長の日をくらしぬ。我身ながらも哀也けり」

我と来て遊べや親のない雀

三歳で生みの母を亡くした一茶は祖母の手で溺愛されて育てられたが、八歳のとき父・弥五兵衛の再婚によって継母を迎える。我の強い一茶はこの新しい母になつかず、ことごとに苛められ折檻をうけながら育った。九歳のとき腹違いの弟の仙六が生まれると、終日子守りを命じられて、弟が泣いてむずかっただけで、

「わざとなんあやしめるごとく、うたがはれて、杖のうめき当てられる事、日に百度、月

に八千度（中略）目の腫れざる日もなかりし」

（弟をいじめたと疑われて、継母に杖で叩かれること日に百度、月に八千度、目の腫れない日はなかった）


という有り様。危うく祖母の助けで難を逃れるという暮らしがつづいた。

一茶をかばってくれた祖母が亡くなると、継母の虐待はさらに激しくなり、困り果てた父・弥五兵衛は一茶を江戸に奉公に出す決心をする。春の朝まだき、泣きながら家を出てきた旅支度の息子に、雪の残る北国街道まで送ってきた父親がそっと言い聞かす。

「毒なる物はたうべなよ。人にあしざまにおもはれなよ。とみに帰りて、すこやかなる顔をふたたび我に見せよや」と。

賭け句で賞金稼ぎの風聞

十五歳で江戸に出てきて以降、十年間にわたる一茶の年譜は空白になっている。医家、書家、米屋、筆屋などで渡り奉公しながら世渡りしていたという、わずかな伝承はあるがいずれも確証はない。

手に職もたない無宿同然の若者は世間の辛酸をなめつくしながら職を転々とし、江戸の

信州にある一茶の旧居。（写真提供／山梨将典＝アフロ）

裏通りを野良犬のようにほっつき歩いていたのである。

二十歳の頃、同郷出身の俳人宅に奉公していたという記録が数行だけ残っているが、この奉公先で俳諧を学んだことが、のちに俳人として生計を立てていく端緒（たんしょ）になったのではないかといわれている。だが、ただちに俳諧を生業（なりわい）として身を立てられたはずもない。

当時の一茶には賭場まがいの句会に出入りして、賭け句で賞金稼ぎをしていたという風聞がある。幕府が「三笠付け」と呼んで禁制としていた博打（ばくち）であり、幕吏に捕縛されると遠島送りの重罪に処せられた。

本人が晩年に書き残した日記にも、当時の無頼（ぶらい）な生活を裏づける記述が出てくる。

「巣なし鳥のかなしさは、ただちに塒に迷ひ、そこの軒下に露をしのぎ、かしこの家陰に霜をふせぎ、（中略）くるしき月日おくるうちに、ふと諧々たる夷ぶりの俳諧を囀りおぼゆ」（『文政句帖』六年正月）

その後、ある宗匠のもとに弟子入りして、新進俳人として頭角を現した一時期もあったようである。二十代後半から二十数年の間に、

秋寒むや行先々は人の家

うそ〳〵と雨降る中を春のてふ

など、年間九百句にのぼる多数の句を残している。（『享和句帖』『文化句帖』他）

だが長年の渡り奉公で十分な教養を身につける暇もなく、平俗な俳風だった彼が、やすやすと一流俳人として認められるほど江戸の俳壇は甘いところではなかった。

ある時期からは住んでいた下町の本所界隈の住庵も人手にわたり、生活に窮した一茶は、江戸の富豪の隠宅、寺院、同門、俳友などのもとを転々と居候しながら暮らしている。

そのあげく寄寓生活に行きづまると、下総、上総など関東近辺の俳人の俳諧指導に出向き、ひと稼ぎしては急場をしのぐという地方巡業をくり返していた。

五十代が近づいても窮乏生活から抜け出すきっかけは一向につかめず、一流の業俳（一

家を構える俳諧宗匠）として中央俳壇で立身するめどは立たなかった。

遺言をめぐる骨肉の争い

五十歳を機に一茶は、江戸暮らしを清算して故郷・柏原に帰る決心をする。

是（これ）がまあつひの栖（すみか）か雪五尺

生まれ故郷に帰住した直後に詠（よ）まれた一句である。

父親は十年ほど前にすでに世を去っていた。家屋土地などの財産を一茶と異母弟の仙六の間で折半譲渡せよという遺言（ゆいごん）を残していたが、この遺言を承諾しない継母や義弟との間で、一茶は江戸在住中から十年ちかい骨肉の争いを続けていた。（『父の終焉（しゅうえん）日記』）

だが帰郷後、地元住職の調停で遺産問題を解決し、結果、継母と義弟が汗水流して増やしてきた田畑、広大な山林、さらに豪農の屋敷の二分の一を手中にしている。

田畑の耕作などを小作人に任せた一茶は、近隣の庄屋、大地主、僧侶、医家、酒造家などを相手にして、たちまち江戸帰りの俳諧宗匠として俳諧巡業に明け暮れる身分となる。

年を追って門人には土地の有力者や素封家（そほうか）が増えていき、俳句の点料や付け届けも相当の額にのぼり、田畑からの収入を加えると、江戸流寓（りゅうぐう）時代とはうって変わって裕福な生活が送れるようになる。

そのうえで紬の羽織着て、近隣の農村の有力者宅に出入りする高名な羽織貴族に成り上がっていった。（『一茶俳句集』丸山一彦校注・岩波文庫）

若い妻と老歌人の新婚生活

五十二歳を迎えたとき、地方名士となった一茶は年の若い妻を迎える。

地元の富裕な農家に生まれた娘で、名を菊という二十八歳になる女である。家事はもとより畑仕事も女手ひとつでこなし、俳諧巡業で外泊の多かった主人の留守をよく守った。

　雀の子そこのけ〳〵御馬が通る
　やれ打な蠅が手をする足をする

など、後世まで人口に膾炙することになる数々の俳句とともに、この若い妻との赤裸々な私生活を書き留めた『七番日記』という私小説風の俳句日記がある。

文化十三年八月二日の日記によると、その日、突然妻の菊が姿を消す。

「西刻菊女近辺ニ不居　古間川沾捜ス所　家尻ニ洗濯シテ居タリシトカ」

ほんの一刻、若い妻の姿が見えなくなっただけで、おろおろと近辺を探しまわる初老の俳人の姿からは、日ごろの夫婦の有り様が窺えるのだが、二人の間には、数日前から何ごとか険悪なもめ事があったようである。その翌日にも、

「春サシタル木瓜青々ト葉ヲ出シタル所　菊女一旦ノ怒リニ引キヌク」

青々とした葉を出していた春に植えた木瓜を、菊が怒りにまかせて引き抜いてしまうという騒ぎが起きている。日記によると、その後、菊は実家に逃げ帰ってしまうが、親に説得されたのか、数日後、一茶のもとに戻ってくる。その夜の記述にはこうある。

「夕方一雨（中略）菊女帰ル　夜五交合」

実家から戻ってきた菊女とめでたく仲直りしている。

それからの十数日にわたって、「夜三交」「婦夫月見　三交」「墓詣夜三交」「通夜大雷四交」などと閨房の記録が延々とつづいていて、その〝生命力〟には唖然とさせられる。

約十年間にわたる結婚生活で、一茶はこの若い愛妻との間に三男一女をもうけた。

しかし……。結婚二年目に授かった長男・千太郎は生後一か月で夭死。やがて長女・さとが生まれるが、この娘も生後一年あまりで疱瘡という流行り病であっけなく世を去る。

サト此世ニ居ルコト四百日（中略）今巳ノ刻（午前十時前後）歿。

露の世ハ露の世ながらさりながら

溺愛した娘の死に泣き崩れる老俳人の慟哭が、切々と句から洩れてくる。（『おらが春』）

さらに一年半後、次男の石太郎が生まれるが、生後三か月で負ぶわれた母親の背中で窒息死。三年後には早世した子どもたちの後を追うように、愛妻の菊がわずか三十七歳で病死してしまう。

他家に預けられていた三男の金三郎も、半年後、栄養失調のために二歳で亡くなり、このとき六十一歳の一茶には、自分の血をひく末裔は誰もいなくなる。

　　もともとの一人前ぞ雑煮膳

妻と子を亡くした翌年の正月、一人前の雑煮を前にして詠んだ一茶の句である。

焼け残った土蔵を仮住まいに

「辺地に引込み候へば、かの流行とやらんにおくれはせぬかと、それのみ用心仕り候」

江戸の俳句仲間で札差し（金貸し）の夏目成美に送った一茶の句稿の余白には、こんなひと言が書き添えられていた。

長年、山あいの村に隠棲していた一茶だったが、帰郷して十年以上経っても、江戸俳壇の動向には絶えず目を配っていた。中央俳壇から置き去りにされることを何よりも恐れていたようである。

妻子を失ったこの年、文政六年（一八二三）発行の人気番付「正風俳諧師座定」によると、一茶は別格勧進元としてほぼ最高位に格付けされ、その名声は当代を代表するものになっている。

その一方で、こうした世俗的名声とは別に、老残の身の寂寥が耐えがたかったのであろうか。四人の幼いわが子や愛妻を失った悲しみも癒えない一年後、近隣の下級武士の娘で四十近いゆきという女と再婚。事情は不明だが、わずか三か月足らずで離縁している。

当時の日記によれば、数年前に発症した中風の発作による言語障害や、失禁に苦しんでいたのだが、二年後の六十四歳のときには、やをという三十二歳の乳母と再々婚して、二歳の連れ子とともに同居生活をはじめている。

だが、晩年の悲運に翻弄され続ける老俳人の平穏はごく短かった。

翌文政十年夏、故郷・柏原で大火が起こって一茶の屋敷は跡形もなく焼失し、やむなく庭先に焼け残った荒壁の土蔵を仮住まいとして雨露をしのぐことになる。

この年の秋、一茶が詠んだ最後の句には奇妙な前書がついている。

耕ずして喰ひ、織ずして着る体たらく、今まで罰のあたらぬもふしぎ也。

信濃国の農民の子に生まれながら生涯文芸に耽溺して、額に汗して田畑を耕すことも、機織ることもなかった老俳人に、突如、土に生き、土に還る農民の血が蘇ってくる。日照りや豪雨のさなかの実りある労働に比べれば、生涯二万句といわれる句を詠み、ひたすら安心立命を願った俳諧の道も、所詮あの世の地獄に向かう戯れ歌にすぎなかった。それはまた、長年労働の汗を忘れて徒食してきた農民詩人が、折り重なる不幸と刻々と迫る死の影に怯えて思わず洩らした懺悔でもあった。

この前書のあとには、

　花の陰寝まじ未来が恐しき

寝床まで花の陰が届いているが、やがて来るあの世の地獄を思うと、恐ろしくて一睡もできないという本句が付されている。

最後の年の自筆句帖は現存しない。だが門人が残した写本によると、この一句をもって長年書きつづけられてきた一茶の句帖は終わりを告げる。

十一月十九日夕刻、持病の中風の発作を起こして急逝。享年六十五であった。

「……駕にたすけられ、爰かしこに風狂し、露月八日帰庵の願うるはしかりけるが、十九日といふに、ふとここち悪しき体なりけるを、申の下刻（午後四時頃）ばかりに、ひと声の念仏を期として大乗妙典のうてなに隠る」（地元の門人西原文虎『一茶翁終焉記』）

晩秋の夕日が西の山に沈む頃、ひと声の念仏を発して一茶があの世に旅立ったとき、三度目の妻は六十五歳の亡夫の子を懐妊中であり、翌春女児やたを出産している。

この娘やたが成人後、越後の農家の八男を婿にとった。一茶の悲願であった小林家の血の存続は、一茶の死後生まれたこの娘によってようやく叶えられることになった。

第5章

戦国乱世を生き抜いた一代の英雄

織田信長／豊臣秀吉／宮本武蔵

織田信長

●戦国乱世を終焉させた武将、戦国大名

一五三四～一五八二

是非に及ばず

当時の宣教師は「信長は少し憂鬱な面影を宿していた」と語っている。（写真提供／Bridgeman Images／時事通信フォト）

宣教師が描いた信長の実像

天下統一を目前にしていた信長は、ローマ・イエズス会から派遣された宣教師や司祭たちに我が国でのキリスト教の布教を許していた。壮麗な安土城にも彼らを招いて、欧州の政治、経済、文化、戦争などの実情に熱心に耳を傾けている。

あるとき信長を訪ねてきた宣教師が、地球儀、時計、世界地図など日本では珍しい品々を献上した。

外国人宣教師は地球儀を回して、「地球は丸く巨大な玉だ」と説明し、小さな島国を指さして「これがニッポンだ」と教えたが、織田家の家臣は誰ひとり納得しなかった。ただ主君の信長だけが、「理にかなっている」と世界の地形を明快に理解できたと、ローマ本部への通信書に綴っている。

ルイス・フロイスも信長と親交のあった司祭の一人だった。「允許状」（滞在許可証）を与えられ、都に居住してキリスト教の布教を許可されていた。彼の編纂した『日本史』には、他の史料にはない信長の実像が描かれている。

「彼は中くらいの背丈で、華奢な体躯であり、髯は少なくはなはだ声は快調で、極度に戦さを好み、軍事的調練にいそしみ、名誉心に富み、正義において厳格であった。彼は自らに加えられた侮辱に対しては懲罰せずにはおかなかった。幾つかのことでは人情味と慈愛を示した。睡眠時間は短く早朝に起床した。……非常に性急であり、激昂はするが、平素はそうでもなかった。彼はわずかしか、またはほとんどまったく家臣の忠言に従わず、一同からきわめて畏敬されていた。酒を飲まず、食を節し、人の扱いにはきわめて率直で自らの見解に尊大であった。……そして人々は彼に絶対君主に対するように服従した」（川崎桃太『フロイスの見た戦国日本』）

十五歳で道三の娘と政略結婚

若き日の信長の大うつけ（大馬鹿者）ぶりは尾張の国中に知れ渡っていた。父信秀の葬儀の折に、抹香をつかんで仏前の位牌に投げつけた奇行も家中では有名な逸話であった。信長は亡父が同盟した美濃の領主、斎藤道三の娘と十五歳で政略結婚していた。数年後、隣国の婿の「うつけ伝説」を憂慮した舅の道三は尾張の寺での会見を申し入れた。

その日、道三が町はずれの民家で窺っていると、髪を紅色の糸で茶筅髷に結い上げ、湯帷子の片袖を脱いで、丈の短い半袴姿。朱鞘の太刀を肩に担いだうつけ姿の婿が、お供の肩にぶら下がって歩いてきた。

美濃を攻略した信長が、稲葉山に造営した岐阜城。写真は昭和の復興天守。（写真提供／時事通信フォト）

道三は婿を笑いものにしようと、古老五、六百人に格調高い肩衣、袴を着せて寺の奥に正座させていた。

ところが寺に着くと信長は屛風の蔭で髪を折り曲げに結うと、正装の長い袴にはきかえ、黄金の拵えの小刀を腰に差した。見事な身支度を見た家中の者たちは「今まで殿は阿呆ぶりを装っていたのか」と肝をつぶした。

出迎えの古老の前を素知らぬ顔で通り過ぎると、「お出になったか」と奥から出てきた道三を迎え、杯をかわし、湯漬け（茶漬け）をとり、丁重に会見してお開きとなった。

帰途、家臣が「どうみても阿呆でございますな」と言うと、道三は、「されば無念なる事に候。道三が子共、たわけ（信長）が門外に馬を繫ぐべき事、案に候」（残念ながら、わが一族は信長に支配されるだろう）、と洩らした。道三没後、懸念どおり美濃は信長に隷属した。（太田牛一著、中川太古訳『信長公記』参照）

先陣きって今川勢に突撃

信長の天下取りは、戦国史に名高い桶狭間の合戦からはじまる。

当時、尾張を統治する信長の周辺には強豪の国盗り大名がひしめき合っていた。駿河、遠江を領していた駿府の今川義元、美濃の斎藤道三、甲府の武田信玄、北陸の上杉謙信など、諸国の勇将、猛将が天下を狙って群雄割拠していたのである。

永禄三年（一五六〇）五月十七日、信長二十七歳のとき、隣国の名将今川義元が尾張の国に侵攻してきた。四万を越える今川の大軍を迎えた信長の軍勢はわずか三千余、前哨戦で織田軍は次々と敗れていった。

数日後、敵が総攻撃してくるという通報を受けた信長は、朝日のさし込む清洲城の大広間で、やおら幸若舞の「敦盛」を舞いはじめた。

〈人間五十年、化転の内をくらぶれば、夢幻の如くなり。一度生を得て、滅せぬ者の有べきか〉

平家の悲運の若武者さながらに曲舞を舞い納めると、「法螺貝を吹け、武具をよこせ」と大声で命じ、手早く鎧を身につけ、立ったまま湯漬けをとり、兜の緒をひき締め、千騎余の将兵を従えて桶狭間めざして疾風のように進撃していった。

谷間の砦に隠れた信長軍のはるか眼下の山道を、今川の大軍が細長い列になって進軍してきた。義元の護衛は三百余騎の旗本だけだった。

そのとき、横殴りの雨がにわかに降りはじめた。雨は向かい風に向かって進む今川軍の将兵の顔を激しく叩いていた。信長は朱槍をとり大音声を上げると、先陣きって今川勢に突撃していった。荒れ狂う雨中の急襲に敵の武将、兵卒が狼狽する真っ只中を、信長と騎馬軍団は疾風のように縦横に駆けぬけ、寄せては退き、寄せては退き、敵の総大将・義元を追いつめていった。雨が上がったとき、戦いは終わっていた。

信長は討ちとった今川義元の首を馬の先に掲げさせて、まだ陽のあるうちに清洲城に帰陣した。

敵を全滅させる独特の戦法

この合戦によって信長の武名は、諸国の戦国大名の間に知れ渡った。

信長は四十九年の生涯に、実に三十四度にわたって無双の織田軍団を率いて出陣し、その半生のほとんどを戦塵の舞う戦場で過ごしている。

その間、室町幕府嫡流の足利義昭を将軍と奉じて上洛し、天下統一の大義名分を掲げ、各地の戦国大名や宗教勢力を次々と撃破していった。

だが、「根切り」と呼ばれる降伏を許さず、敵を全滅させる信長独特の戦法によって、最前線では凄惨な地獄絵巻がくり広げられていた。

伽藍に一宇残らず火を放ち、僧俗、上人の首を切り、女、子どもをまじえた信徒三、四千人を殺戮しつくした「比叡山の焼き打ち」。伊勢長島の城に立て籠もる門徒二万人を柵で囲んで一人残らず焼き殺した「長島一向一揆の殲滅」。一千挺余りの新式火縄銃の一斉射撃で、破竹の勢いの武田軍団を壊滅させた「長篠の戦い」。鉄板で装甲した「テツハウ、トヲラヌ（鉄砲玉通らぬ）用意」（『多聞院日記』）の大船を建造させ、瀬戸内最強の毛利水軍の軍船を次々と沈没させた「鉄甲船の海戦」……。

毛利・本願寺連合と苦戦中に、重臣の荒木村重が敵に寝返ったときには、信長はその一族と家臣の妻子百二十二人を一人残らず誅殺した。

「鉄砲を以てひし〱と打殺し、鑓、長刀を以て差殺し、害せられ、百廿二人の女房一度に悲しみ叫ぶ声、天にも響くばかりにて、見る人、目もくれ心も消へてかんるい（感涙）押さへ難し……」（『信長公記』）

信長の運命を予言した書状

乱世に躍り出て、自らを戦国の鬼神と化した信長は、その後も天下統一めざして突き進んでいった。

再三上洛して、朝廷に伺候した四十歳過ぎには、御所でも信長の天下統一は目前と噂されていた。ときの正親町天皇からは「天下無双の名将」と称賛され、昇殿して従三位権大納言兼右近衛大将に叙せられ、ついで内大臣に任ぜられた。その後、武家の頂点に立つ者に与えられる右大臣に昇進、天皇に「天下人」として公認され将軍と同格となった。

あるとき宣教師のヴァリニャーノが、天皇との会見を懇願すると、

「予がいるところでは、汝らは他人の寵を得る必要はない。なぜなら予が天皇であり内裏だからである」（松田毅一・川崎桃太訳『日本史』）

と、信長は傲然といい放っている。

しかし、中国の大名毛利元就の使者として上洛していた僧侶・安国寺恵瓊は、国許に

送った書状の中で、

「信長の代五年、三年は持たるべく候、明年辺りは公家などに成らるべく候かと見および申し候。高ころびにあをのけに転ばれ候ずると見え申し候……」（来年は公家にもなり、信長の治世は数年持つが、やがて爪突いて、仰向けざまに転がり落ちるだろう）

と、信長の運命を予言していた。（池上裕子『織田信長』）

光秀が謀叛を起こした動機

ほどなく本能寺の変が起こった。

「明智日向守（光秀）小身（小者）たるを、信長公一萬の人持（領主）にさられ候處。幾程も無く御厚恩を忘れ、欲に耽りて（天下取り）の望を成し、信長御父子、御一族、歴々甍を並べ、下京本能寺に於いて六月二日、情無く討ち奉り訖わんぬ」（『太田牛一雑記』）

光秀の謀叛をめぐって、再三語られてきた動機に「怨恨説」がある。なかでも、ある戦場での悲劇が名高い。

「信長の命で八上城を調略した光秀が、自らの母親を人質として敵にあづけた後、投降してきた城主兄弟を引き連れて、信長のもとに助命のため伺候した。だが信長は光秀の口添えを無視して兄弟を磔にしてしまった。激怒した八上城の家臣たちは仕返しとして光秀の母を城内で磔にした。以来、光秀は信長に深い怨みをいだいていたという」（『総見記』）

さらに次の逸話を謀叛の根拠として挙げる史家も多い。甲州征伐の勝ち戦に出陣した光秀が、帰陣した祝賀の席で、「我ら、さんざん苦労した甲斐がありました」と申し上げた。すると信長は、「おのれに何の功があったか」と激怒した。

「懸け造りの欄干に明智が頭を押し付けて叩き給う。其時、明智諸人の中にて恥をかきたり。無念千万と思い詰めたる気色顕れたる由傳わる」（『祖父物語』）

満座の中で折檻された一件を光秀は生涯忘れなかったのである。

炎の中で閉じた波乱の生涯

天正十年（一五八二）六月二日暁（午前四時半ごろ）、京の本能寺を明智光秀三千の軍勢が取り囲んだ。

「既に信長公御座所本能寺取巻き、勢衆四方より乱れ入るなり。信長も御小姓衆も、当座の喧嘩を下々の者共仕出し候と思食され候の処、一向さはなく、ときの声を上げ、御殿へ鉄炮を打入れ候。是は謀叛歟、如何なる者の企てぞと御諚の処に、森乱（丸）申す様に、明智が者と見え申候へば、是非に及ばずと上意候……」（『信長公記』）

はじめは信長も小姓衆も、下々の者が寺内で喧嘩をはじめたと思っていた。だが明智軍がときの声を上げ、御殿に鉄砲を撃ち込んでくると、信長は「さては謀叛か、誰の企みぞ」と尋ねた。小姓森蘭丸が「明智光秀の軍勢と思われます」と答えると、「是非に及ばず」（やむを得ぬ）と、一言申されただけであった。

仮の御宿所だったため護衛の者も手薄で、次々と討ち死にしていった。信長は初め弓をとり、二つ三つと取り替えて防戦していたが、どの弓も時がたつと弦が切れた。肘に槍傷を受けると、傍らにいた女房衆に、「女たちはもうよい、急ぎ逃れよ」と命じた。

すでに本能寺は炎上していた。信長は敵に最期の姿を見せてはならぬと御殿の奥深くへ入り、内側から御納戸の扉を閉めると、燃え盛る炎の中で四十九年の生涯を閉じた。

反逆者光秀の三日天下

「焼死に給ふか。終りに御死骸見え給はず。惟任（光秀）も不審に存じ、色々相尋ねけれども、その甲斐なし」（『当代記』）

信長の首級はもとより遺骨さえ見つからなかったことに、明智光秀が慌てふためき、恐れおののく様子は他の史料にも記されている。

「御首を求めけれどもさらに見えざりければ光秀深く怪しみ、最も恐れはなはだしく士卒に命じて事のほかたずねさせけれども何とかならせ給ひけん。骸骨と思しきさえ見えざりつるなり」（小瀬甫庵『甫庵信長記』）

本能寺には西国遠征の織田軍の火薬が備蓄されていた。小姓森蘭丸が付け火して遺骸を爆破消散させたという説。あるいは、本能寺を脱け出し近くの阿弥陀寺境内で自刃して埋葬されたとする説など多数が残る。

事件後、明智光秀は天下人となるため各方面に工作するが、ことごとく拒絶され、西国から〝大返し〟してきた豊臣秀吉の上洛軍に惨敗した。わずか数名の従者を連れて近江坂本城に逃げ帰る山道で、土民に襲われて深手を負い自害して果てた。

本能寺の変からわずか十一日後のことであった。後の世に謀叛人光秀の三日天下と呼ばれる由縁である。

豊臣秀吉（とよとみひでよし）

●信長亡き後の天下人。関白、豊太閤

一五三六～一五九八

つゆとをち
つゆときへにし
わかみかな　なにわのことも
ゆめの又ゆめ

没後、正妻ねねが描かせた豊臣秀吉像。（高台寺蔵）

氏素性をめぐる太閤伝説

太閤秀吉の出自をめぐっては謎が多い。

二十歳のころ秀吉の祐筆（書記）をしていた歌学者、松永貞徳の「戴恩記」にこんな話が出てくる。太閤みずからが喋り、こう書けと指図した文書だといわれている。

「……我、尾州の民間より出たれば、草かるすべは知りたれども、筆とる事は得知らず。元より歌、連歌の道には猶ほ遠しといへども、不慮に雲上の交をなす。但、わが母若き時、内裏のみづし所の下女たりしが、ゆくりかに玉体に近づき奉りし事あり。其の夜の夢にいく千万のおはらひ箱、伊勢より播磨さして、すき間なく天井飛行。又ちはやふる神のみてぐらにとりて、といふ御夢想を感じて、我を懐胎しぬ」

（我は尾州の百姓の出なので、草刈る術は知っているが、筆をとって、文書くことは得意ではない。和歌や連歌の道はなおさら苦手だが、いまは御所の尊い雲上の方々ともおつき合いがある。実はわが母上は、若いとき御所の台所で働く下女であったが、思いがけず帝のお側近くにお仕えする折があった。その夜のこと、伊勢神宮から播磨めざして、おびただしい数の厄除けの護符が天井を飛びかう最中に、荒ぶる神々に供え奉まつる幣を夢うつつに手中にして、わが母上は我を懐妊したのである）

豊臣家は天皇家と血筋がつながるという有名な「皇胤説」だが、歴史学者の間では、氏素性の賤しい者が朝廷で官位を得るための創作だとして、一笑に付されている。

出自については、農民出身ではなく木地師、鍛冶師、遊芸の徒だったという説（小林信夫『太閤伝説の成立』）、あるいは山の民といわれた山窩の出身だったという説（小林久三『秀吉は山窩の子だったか』歴史読本）など、多数の太閤伝説がある。

後世、秀吉の出自に関してもっとも広く受け入れられている通説は、江戸中期の旗本、土屋知貞がまとめた『太閤素生記』の記述である。

「一父ハ木下弥右衛門ト云フ中々村ノ人、信長公ノ親父信秀（織田備後守）鉄砲足軽也。爰カシコニテ働アリ（過去に方々の戦場で手柄を立てている）。就夫手ヲ負五体不叶（そのうち手を負傷して五体不自由になり）、中々村へ引込百姓ト成ル。太閤ト瑞龍院（秀吉の姉）ヲ子ニ持チ、其後秀吉八歳ノ時、父弥右衛門死去」

歴史学者の小和田哲男氏は、その著書『豊臣秀吉』（中公新書）において、この通説を重視して、「秀吉は、天文六年（一五三七）二月六日に、尾張国愛知郡中中村の自小作農、弥右衛門の長男として生まれた」と、確定している。

「太閤はんのお城」は大坂夏の陣で焼失。その後、損傷、復興をくり返し、現在は難波の象徴として聳え立つ大阪城。（写真提供／時事）

残された夢はアジアの帝王

尾張の貧農の子に生まれ、数々の戦火をくぐって出世を鷲掴みにしてきた男は、血しぶき上がる戦場の修羅の中で、ひたすら戦いつづけて天下人にまで昇りつめてきた。

だが諸大名をことごとく平らげて国内統一の野望を果たし、権力の頂点までのし上がった秀吉にもひとつだけ叶わぬ夢があった。数多くの妻妾を大坂城にかかえていながら、いかにしても世継ぎに恵まれなかったのである。

それだけに天正十七年（一五八九）五月、側室淀殿とのあいだに鶴松（幼名・棄丸）が生まれたときの喜びようはただ事ではなかった。しかし五十六歳の天下人が溺愛したこの嗣子は、わずか三歳であっけなく世を去ってしまった。

秀吉は絶望のあまり、「いまはこの世間に望みなし」とまで語り、髻を切って我が子の菩提を弔う巡礼の旅に出ようとして側近たちに押し留められている。悲嘆はかぎりなく、愛児を喪った五か月後に起こした朝鮮征伐も、

「是れ（鶴松の死）に於いて、始めて朝鮮に入らんとするの志あり」

我が子の早逝の悲しみから逃れるための侵略戦争であったという説が、江戸初期にはまことしやかに流されたほどであった。（家康に仕えた儒学者・林羅山）

たしかに秀吉は鶴松の死後、故郷尾張から呼び寄せていた甥っ子の秀次に天下を治める関白職を譲り渡すと、自らは太閤と名乗って、全国諸藩から三十万五千という部隊を九州の肥前名護屋に集めて、朝鮮征伐のための「文禄の役」をはじめている。しかし、近世の儒学の開祖林羅山が夢想するほど秀吉は脆弱な天下人ではなかった。このとき太閤は、長年胸中に秘めていたある「見果てぬ夢」に向かって進軍を開始していたのである。

自らも九州の最前線・肥前名護屋に十万を越える兵を引き連れて出陣すると、凄まじい勢いで隣国、朝鮮半島を次々と戦火で覆って進撃していく日本軍の動向を注視していた。

だが一年を過ぎる頃から、日本軍は朝鮮全土を襲った大飢饉のため食糧難に苦しみ、兵員の損耗が激しくなっていた。しだいに各地からの敗戦の報が重なり、兵士や随行する人

夫の戦死、あるいは戦線脱落者が続出していくようになっていく。

ついに一年八か月後には、朝鮮国王と講和を交渉せざるを得なくなり、日本軍の主力を首都京城から撤退、前線の諸将に内地帰還を命じた。

――日本に長年滞在して通辞として活躍した宣教師・フロイスは、天正十四年（一五八六）九月十七日付、印度管区長宛の書状の中で、

「秀吉は日本国を征服して今の地位に達し、国も金銀も十分に所有する故、他の何物も得ることを望まず、唯死したる後、己の名と権勢の評判を残さんとするのみである。彼は日本のことを処理して安定せしめた後、その兄弟にこれを譲り、己は朝鮮及びシナ国を征服するために渡航する決心をした」

と、当時謁見した秀吉が外征計画を自分に洩らしたと報告している。

すでに国内全土を制圧して天下をにぎっていた晩年の太閤にとって、残された夢は、「大アジア帝国」の王になることだけだったのである。

悲惨な秀次一族の処刑

文禄二年（一五九三）八月二十五日、諸藩の大軍とともに、肥前名護屋の前線基地から

大坂に撤退しようとしていた秀吉のもとに朗報が届いた。側室淀殿が大坂城で男児を出産したという報せであった。

五十八歳で再び嫡子を得た秀吉は狂喜した。ただちに九州の陣から淀殿に手紙を送り、早逝した鶴松に「棄丸」と幼名をつけて、三歳で失った先例に懲りて、今度の子には「拾丸」と名づけるように命じている。

その後、大坂城に帰還してからの太閤秀吉の秀頼（幼名・拾丸）に対する偏愛ぶりは、周囲には常軌を逸しているとしか思えなかった。

慶長二年（一五九七）十二月二日、五歳になった秀頼に宛てた書状が現存している。このとき秀吉は前年夏の大地震で半壊した伏見城の修復現場にいた。普請場から送った書状である。

「……文給り候。御うれしく思ひまいらせ候。昨日も状をもて申し入り候ごとく、こゝもと普請申しつけ候によって、存じながら申さず候。やがて、歳末に参り候て申すべく候。其の時、口を吸い申し候べく候。たれ〳〵にも、少しも御すわせ候まじく候。そなたの事。こなたへ一だんよく見え申し候。かしく」

お手紙を頂いた。うれしく思っている。昨日も手紙で書いてあげたように、この地で、普請を指図していて、忙しいので、お便りもしなかった。やがて歳末には伺うが、その時、また、キスしてあげよう。それまでは、誰にもさせてはいけない。あんたの様子は、ここからも、ちゃんとわかっているからね。（桑田忠親『太閤の手紙』講談社学術文庫）

老いたる天下人・秀吉の夢は、すでに幼い我が子の行く末にしかなかった。その頃には、何よりも甥の秀次を後継者として関白に指名したことを後悔していた。

文禄四年七月、配下の太閤奉行衆に苛烈な尋問を命じ、秀次から官職を剝奪し謀反の罪をかぶせると、高野山で切腹させてしまった。秀吉は、三人の検使が持ち帰った首を実検したうえで三条河原に晒した。

それに続く秀次一族の処刑は悲惨を極めた。無実の宰相、正室以下、子女三十九人が、ことごとく三条河原の刑場に引き出され、そこにしつらえられた秀次の晒し首の前でつぎつぎと斬殺されたのである。河原を逃げまどう女、子どもたちの悲鳴や泣き声は、その後も京の人々の間では長いあいだ語り草になった。

爛漫と桜が咲きほこる花見の宴

太閤が世を去る五か月前のこと。

慶長三年三月十五日、秀吉は京の醍醐寺で盛大な花見の宴をもよおした。当時の侍医、小瀬甫庵が『太閤記』（吉田豊訳）に華麗を極めたその日の宴のことを記している。

「秀吉公がつらつら思われるには、人の老いゆくことに身分の差別はなく、月に雲、花に風は避けがたい。死の訪れは、いつと予測のできぬものである。そこでこの春は、北政所（寧々）に醍醐の花をながめさせ、城外に出ることもない女たちにも、みごとな春の景色を見せて心のうさを忘れさせ、このうえない楽しみを味わわせてやろうと思い立たれたのであった」

その日、醍醐寺には正室の北政所をはじめ、側室の淀殿以下の数多くの輿の列が入り、思い思いの衣裳でねり歩く姿は例えようもなく華やかだった。

寺内には爛漫と咲きほこる桜の花びらが舞いあがり、この世のものとは思えぬ春の眺めだった。

鐘楼や朱色の五重塔が聳える山の麓から、山桜が一面にけむって見える山頂まで、谷あいの道には五色の幔幕が張りめぐらされ、その幕の間を女たちの長い行列を従えた秀吉が、わが子秀頼とともに先頭に立って浮かれ歩く。この日の秀吉は付け髭をつけ、眉を描き、お歯黒をつけた出で立ちで、周りの大名の爆笑を誘っていた。

「身分の高い人も低い人も、すべてなごやかとなって、ああ、今日のこの日が山に入らずにいてくれればよいものをと願いつつ、花に戯れ、水に心をすまして楽しむ心のうちは常にはないことであった」

この日の趣向をことのほか喜んだ秀吉は、秋にはまた紅葉見物に来ようと約束して帰途についた。

だが、その約束が果たされることはなかった。

拙い平仮名まじりの遺書

醍醐の花見の直後から重病を発症し、症状が日毎に重くなっていった。

八月に入って何度も重態に陥った太閤は遺言を書き、これに徳川家康、前田利家（ちくせん）、毛利輝元、上杉景勝、宇喜多秀家の五大老に起請文を書かせ血判を押させている。

蠟燭の灯りが燃えつきる前に、一瞬、明るく燃え上がるように、亡くなる十三日前の八月五日、昏睡から覚めて意識をとり戻した。

心残りはこの春従二位権中納言に昇官したばかりの六歳の秀頼の行く末であった。死が近づく枕頭で末期の書状をしたためた。「豊臣秀吉遺言（御自筆御判書）」と呼ばれている五大老宛の遺言状である。

返々（かえすがえす）、秀より事、たのミ申候〳〵、

五人の志ゆ（衆）たのミ申候、

いさい（委細）五人の物（石田三成　以下の者）ニ申わたし候、

なこりおしく候、以上、

秀より事なりたち候やうに、此（この）かきつけ候、志ゆと志て、たのミ申候、

なに事も、此ほかにわおもひのこす事なく候、かしく、

八月五日　　秀吉（御判）

いへやす

ちくせん

てるもと

かけかつ

秀いへ　　まいる

刻々と死の迫る枕頭で、書き残した拙（つた）ない平仮名まじりの遺書からは、太閤秀吉が老獪（ろうかい）な五大老にすがって、我が子秀頼の行く末を頼むすすり泣きが洩れてくるようである。

五日後になると再び意識を失った。そして慶長三年八月十八日深夜、伏見城の奥深い一室で息を引きとった。享年六十二。死因は労咳とも腎虚ともいわれている。
死後、侍女がひそかに保管していた太閤の辞世の歌が出てきた。

つゆとをち　つゆときへにし
　わかみかな
なにわのことも　ゆめの又ゆめ

宮本武蔵（みやもとむさし）

●江戸初期の剣客、二天一流の開祖

一五八四～一六四五

今生（こんじょう）のお暇（いとま）にござる

野田三郎八氏蔵。

自己流で剣術を錬磨した名人

元禄から数年たった宝永のころ、江戸音羽にある護国寺門前に渡辺幸庵という老人が庵を結んでいた。もと家康配下のれっきとした旗本だったが、当時すでに百二十八歳という高齢であった。武蔵より二歳年長だったこの人物には「幸庵対話」という往時を語った聞き書きが残されている。

その書中に五十年以上前にすでに世を去っている武蔵が登場してくる。

「竹村武蔵といふ者あり。自己に剣術を錬磨して名人也。柳生但馬守にくらべると、囲碁にていへば井目も強し」

武蔵という剣術の達人がいた。当時二代将軍の剣術指南役であった柳生但馬守と比べてみても、囲碁でいうところの井目の違い（実力の大きな差）があり、武蔵のほうがはるかに強かったと証言しているのである。高齢の幸庵老は武蔵を竹村武蔵と誤って呼んでいるが、史家からは挿話の具体性から推して、話の内容は事実とみて間違いないとされている。

「武蔵ことは武芸は申すに及ばず、詩歌、茶の湯、囲碁、将棋などでも都で諸芸に長じていた。第一の疵あり。しかるに洗足行水を嫌ひて一生沐浴することなし。外へは裸足にて出で汚れ候へばこれを拭わせ置く也。衣類汚れ申す故、その色目を隠すため年中麻織りの赤い無地の衣服を着用していた。それ故お歴々は疎んじて傍に近づけなかった」

武芸だけでなく詩歌、茶道、囲碁、将棋などの諸芸にも長じていたという。現在、重要文化財に指定されている枯れ枝に一羽の鵙を配した水墨画「枯木鳴鵙図」をみても、武蔵の芸術的天稟は明白である。

さらに彼の風貌、風体について渡辺幸庵はこう語っている。幼少時に頭に腫れ物ができて脱毛している部分があったため、常に総髪を肩まで垂らしていて月代を剃らなかった。現存する江戸期の武蔵の肖像画（熊本・島田美術館蔵）を見ても、まさに幸庵の証言通りの風貌である。

裸足で外を出歩き、風呂嫌いで有名であり、濡らした手拭いで足や体の汚れを拭うだけであった。そのうえいつも同じ垢じみた衣類を身につけていたために、位階の高い方々は傍に近づけなかったという。

さらに他の資料にあたると、武蔵は骨格逞しく六尺余（百八十センチ以上）の背丈があり、木刀を造作もなく二つに折る膂力を持っていた。その風貌は異相であり頬骨高く髭を剃らず、三角の茶褐色の瞳は眼光鋭く、ときとして妖しい琥珀の輝きを放ったと記されている。

一乗寺下り松で吉岡一門と決闘

武蔵の波乱に満ちた前半生を知るには、本人が死の二年前から執筆しはじめた「五輪書・地の巻」の有名な序文の一節に頼るしかない。

「……生国播磨の武士新免武蔵守藤原の玄信、年つもって六十。

我、若年のむかしより兵法の道に心をかけ、十三歳にして初而勝負をす。其あいて、新当流有馬喜兵衛といふ兵法者に打勝ち、十六歳にして但馬国秋山といふ強力の兵法者に打勝つ、廿一歳にして都へ上り、天下の兵法者にあひ、数度の勝負をけつすといへとも、勝利を得ざるという事なし……」

重要文化財「枯木鳴鵙図」。

十三歳で生国播磨で武者修行の武芸者を怪力で地面に叩きつけ、手作りの棍棒で打ちすえて絶命させた初戦にはじまり、十六歳のときには、但馬国の秋山という強力の兵法者を打ち破り、十七歳で関ヶ原合戦に豊臣方に荷担して参戦した。

その後、二十一歳で京にのぼり天下に剣名轟く吉岡流道場に挑戦状を叩きつけ、まず京都北郊外蓮台野において一門を代表して真剣で立ち合った宗家吉岡清十郎を、木刀の一撃で昏倒させ不具にしている。

後日、凶暴な性格を持つ弟の吉岡伝七郎が兄の仇をとるべく五尺余の木刀で決闘を挑むが、武蔵に木刀を奪いとられたうえにただ一撃で撲殺されて果てる。

無名の武芸者相手に二度にわたって完敗した吉岡一門は、都の人々の噂の種にもなり、名門道場の存続が危うくなる。ついに五歳とも七歳とも伝えられる清十郎の幼い嗣子又七郎を名目人として立て、武蔵に京都洛外での早朝の決闘を通告する。

家名のかかる決戦にそなえて吉岡一門は、高台の一乗寺下り松に百人以上の門弟を集め、ひそかに刀槍、弓矢、鉄砲まで揃えて仇敵を待ち受けていた。だが、過去二度の立ち合いに大幅に遅刻して現れた武蔵の戦法から、早朝より待機していた吉岡一門には油断があった。

約束の刻限よりはるか以前から薄明の決闘場所に身をひそめていた武蔵は、清十郎の嗣子を護衛する多数の高弟の只中に背後の朝霧深い林から突如躍り出ると、床几に坐していた幼い当主又七郎だけをただ一刀のもとに斬り捨てた。

不意打ちに狼狽する百人を越える吉岡一門の門弟の群れが、血刀をひっ提げて高台から駆け下りてきた武蔵を取り囲んで一気に迫っていったが、瞬時に斬り崩し、斬り倒して血路をひらいて敵の囲みを破ると朝靄の奥に消えた。脱出した武蔵の袖には、わずか矢一筋が射通された痕が残っていただけだったと語り伝えられている（後に細川藩筆頭家老の家臣がまとめた「二天記」による）。

一介の武芸者が、足利幕府以来の伝統を誇る兵法指南の名門を滅亡させたこの事件は、都の騒然たる噂になるが、その時武蔵はすでに他国に行方をくらました後だったという。

巌流島の決闘をめぐる剣豪伝説

武蔵の「五輪書・地の巻」序文には、この名高い吉岡一門との決闘に続いて、

「其後国々所々に至り、諸流の兵法者に行合ひ、六十余度迄勝負すといへども、一度も其利をうしなはず。其程、年十三より廿八九迄の事也……」

として、自らの二十代までの戦績を誇らしげに記している。

前半生の最後となる決闘は、武蔵二十九歳のときであった。慶長十七年（一六一二）豊

前小倉の舟島（巌流島）で、飛来する燕を一閃斬り捨てる「燕返し」なる剣法で高名だった豊前細川藩の兵法指南役、佐々木小次郎と対決している。

武蔵前半生の剣術修行の総決算となるこの決闘をめぐっては数々の伝承が残されている。もっとも有名な史料は『二天記』だが、武蔵没後百年以上を経て書かれたこの一書は事実とはほど遠い創作である。

武蔵の生前に一番近い記録は、死後九年目の承応三年（一六五四）に小倉に建立された「武蔵顕彰碑」の碑文である。武蔵最晩年の仏道の師である春山和尚の撰によって成ったものであった。

「爰に兵術達人あり巌流（佐々木小次郎）と名づく。彼と雌雄を決せんことを求めしに、巌流いはく、真剣を以て勝負を決したしと、武蔵対へて曰く、爾は白刃を揮って其妙を尽くせ、吾は木戟（木剣）を提げて此秘を顕はさんと。堅く漆約（約束）を結べり。長門と豊前の際、海中に島あり、舟島といふ。両雄、同時に会す。巌流、三尺余の白刃を手にして来り、命を顧みずして術を尽す。武蔵、木刃の一撃を以つてこれを殺す。電光なお遅きがごとし。故に俗に舟島を改めて巌流島といふ」（ルビ点筆者）

舟島の波打ち際で、三尺余（九十センチ）の真剣を真っ向上段に振りかざして斬りかかってきた佐々木巌流（本名・小次郎）を、武蔵は島に向かう船上で占い櫂を削って手作りした木刀で寸毫の差で撃殺している。

それ以降、武蔵は三十一歳で大坂冬の陣、三十二歳で夏の陣に西軍として参戦するが、敗け戦だったため徳川方の探索をうけて諸国に潜伏してしばし足跡不明となる。五十過ぎに島原の乱に出陣というわずかな記録、さらに真剣をまじえない〝位取り〟という形式ばった試合の逸話がいくつか残されるのみとなる。

以後の二十年ほどは大藩への仕官の望みを抱いて、養子の伊織や数名の弟子をかかえて西国の各地を転々としたと伝えられている。

高弟を枕辺に呼んで形見分け

仕官の夢が叶ったのは、武蔵がすでに五十七歳になってからのことである。

寛永十七年（一六四〇）の秋、肥後国熊本藩主、細川忠利の招きに応じて五十四万石の大藩に身を預けることになる。身分は「客分扱い」であり、藩主よりじかに十七人扶持玄米三百俵を賜わったうえに立派な屋敷まで授かるという厚遇であった。大藩からの招聘に応じて武蔵が細川家に差し出した自筆の口上書が残っている。

「我等こと只今まで奉公人と申し候て居り候ところは、一家中も之無く候。年罷り寄り、其上近年病者になり候へは、何の望みも御座無く候。（中略）妻子とても之無く、老躰に相成り候へは、居宅家材等の事思ひもよらす候」

　諸国を放浪して病がちの老いを迎えた武蔵には妻子も家庭もなかったのだが、細川家に身を預けたこの時期だけが、殺傷に明け暮れた波乱に満ちた生涯にただ一度だけ訪れた静謐で平穏な日々だった。多数の門弟に兵法指南しながら、書画、彫刻、詩歌、茶道などに専念し、禅の修養に明け暮れる日常を送っている。

　だが過酷な前半生の報いであろうか。尊崇していた主君・細川忠利公が急死した一、二年後から、結核とも癌とも推測される老病が悪化していき、熊本郊外の金峰山西麓の絶壁に口を開けた霊巌洞に籠もって、兵法書執筆と、闘病をかねた座禅修行をする日々が多くなっていく。

　そのころ藩の重役に「霊巌洞に蟄居して、死期を静かに迎えたい」と願い出て許されている。

　洞窟内では二年前から二刀流の流祖の秘伝「五輪書」の仕上げを急いでいたが、冬季など厳寒の洞窟で過ごす武蔵の健康を案じる重臣の意見もあって、ついに藩のしかるべき人物を立てて武蔵を説得して熊本千葉城趾の屋敷に連れ戻すことになった。

居宅では門人たちの手厚い介護を受けるが、死の七日前から病状はさらに悪化し、武蔵は死力を振りしぼって二十一箇条の遺書ともいうべき処世訓「独行道（どくぎょうどう）」を書き上げる。

そのころ臨終（りんじゅう）近い武蔵の病床を、沢村大学という藩の重臣が見舞いに訪れている。武蔵は「今生（こんじょう）のお暇（いとま）にござる」と枕から頭をもたげて挨拶した。だが、重臣は「さほどのご重態ともおもえませぬ。ご養生あって、ご回復ありますように」と挨拶して帰っていった。

病床で見送った武蔵は、「大学殿は諸事に卓抜した御仁（ごじん）であるのに、死期を見極めて暇（いとま）乞（ご）いしたのに、かなわぬ養生をして回復せよとのご挨拶であった。大学殿にしては不似合いなことよ」と、慨嘆（がいたん）した。

その数日後のこと、数人の高弟を枕辺（まくらべ）に呼んで形見分けし、遺言を伝えると、正保（しょうほう）二年（一六四五）五月十九日、波乱に満ちた生涯をついに閉じた。享年六十二であった。

あくまでも武人としてその最期を迎えようとしたのであろう。異様な臨終の様子が、二天一流の相伝者の一人が書き残した「兵法先師伝記」に記録されている。

「臨終ニ、起テ帯ヲシメ、脇差シヲ帯シ、片膝ヲ立、刀ヲ左ニ杖ニ突テ終ワラレケルトゾ」

（臨終に際して起き上がり、帯を締めて脇差しを差しこむと、片膝を立てて坐し、左手に持った刀を杖がわりにして死を迎えられた）

そして、武蔵の遺言どおり遺骸（いがい）には甲冑（かっちゅう）を着し、籠手（こて）、脛当（すね）てなど六具を手足に帯して、あたかも戦陣にいる武将の立ち姿そのままにして納棺された。

剣豪の最期を看取った女人

熊本には三か所に武蔵の墓所がある。もっとも高名なのが細川藩主代々の菩提寺（ぼだいじ）であった泰勝寺（たいしょうじ）跡（熊本市龍田町弓削（たつだまちゆげ））に立つ「東の武蔵塚」。本人の遺言によって甲冑を着し六具を帯した武将姿の武蔵はここに葬られている。もう一基、細川家歴代の墓塔がならぶ墓所の奥に剣豪を供養する五輪之塔が現存する。

さらに熊本市西部には、細川家家臣であった寺尾家の墓所の一隅に「西の武蔵塚」と呼ばれる墓が残っている。急な山道を登った奥まった一角に木洩（こも）れ日をうけてひっそりと立つ苔（こけ）むした自然石がそれである。時代を経た古い墓碑に「貞岳玄信居士（こじ）」と彫りこまれた文字がかすかに読みとれる。「玄信（はるのぶ）」は武蔵の本名である。

ところが碑面の武蔵の本名のすぐ左隣に「花月清円信女（しんにょ）」という女性の戒名が寄り添うように彫りこまれている。なぜ武蔵の墓碑に女性の戒名が彫りこまれているのか。地元でもその出自や所縁（ゆかり）などは不明だというが、この武蔵塚が夫婦墓であることは明白である。

だが、死の直前に武蔵が書き遺した二十一箇条からなる「独行道」には、

「れんぼ（恋慕）の道思ひよるこころなし」

という一箇条が出てくる。剣の道一筋に生きて女人を恋慕することがなかったと公言する剣豪の晩年に、もし寄り添うようにして生きていた若き伴侶がいたとすれば、刻々と老いと死の迫るその最期を看取った人ということになる。墓石からは剣豪の没年の二十年後に、その人がこの世を去っていることが読みとれる。武蔵が熊本滞在当時には、おそらく、まだ二十歳（はたち）にも満たない若い女性だったのであろう。墓は、武蔵の二天一流を継承した寺尾家によって、一族の身内であったその女性の没後に建立されたものだと考えられる。

「花月清円信女」という戒名からは、花やかだが清々（すがすが）しい若い女人の面影が浮かんでくる。

第6章

死を達観して逝った近代の文学者

森鷗外／幸田露伴／北原白秋

森鷗外（もりおうがい）

●明治・大正期の作家、軍医総監

一八六二〜一九二二

余（よ）ハ石見人（いわみのひと）
森林太郎（もりりんたろう）トシテ
死（し）セント欲（ほっ）ス

明治四十四年、鷗外四十九歳の肖像。（写真提供／時事）

鷗外を追って来日したドイツ娘

東大医学部を卒業して陸軍軍医となった鷗外が、四年にわたるドイツ留学を終えて帰国したのは明治二十一年九月八日のことであった。

帰朝した兄を迎えて森家で起こった大事件を、妹の小金井喜美子が後年になって回顧している。

「九月もいつか二十日ほど過ぎた或日、独逸の婦人が兄の後を追って来て、築地の精養軒にいるという話を聞いたときは、どんなに驚いたでしょうか。婦人の名はエリスというのです」(『鷗外の思い出』)

明治という新時代を迎えて洋行ばやりだった当時、誰彼が異国の女を連れ帰って本宅の妻子が難儀しているなどという噂が、鷗外の妹の耳にも届いていた。だが敬愛するあの兄が、ドイツ留学中に碧眼金髪の踊り子と深い関わりを持ったなどという話は信じられなかった。

母の峰子が帰朝した息子に問い糺すと、踊り子のエリスとは「ごく普通の関係」だということだった。留学生仲間が、鷗外の実家が富裕だと面白半分でそそのかしたので、根が正直な十六歳のドイツ娘は、その話を真に受けて来日したのだという。

しかし、矛盾の多い息子の言い訳に狼狽(ろうばい)した母親は、長女・喜美子の夫に難題解決を依頼した。東大教授で留学経験のある夫の小金井良精(よしきよ)は、姑の依頼を受けてエリスの宿泊する精養軒に通って説得をはじめた。

妻が様子を訊(たず)ねると、

「なに小柄で美しい人だよ。ちっとも悪気の無さそうな。（鷗外のことを）どんなにか富豪の息子だと思い詰めているのだから、随分罪なことをする人もあるものだ」

と、ドイツ娘に同情していた。鷗外も帰国直後の軍務の忙しい合間を縫って、私服に着替えると、精養軒を再三訪ねている様子だった。

やがて、連日説得されて鷗外一家の事情がわかってきたエリスは、あきらめて故国に帰る決心をした。

エリスの日本渡航は結婚のため

鷗外は、エリスを留学中の遊び相手などと考えたことは一度もなかった。陸軍上官にまで相談して、彼女を日本に残留させるために奔走していた。（『上官・石黒の日誌』）

だが、陸軍には外国人女性との結婚を禁じる「陸軍武官結婚条例」という規範があり、将官以上の婚姻には天皇の勅許が必要であった。

従来の鷗外研究では、エリスは貧しい踊り子ということになっていたが、近年の現地取材によると、彼女の父親は洋服仕立屋を営みながら、アパートを経営していた中流のドイツ人だったことが判明している。

次女を背負う二番目の妻・志げと、長女を抱く母・峰子。二人の激しい嫁姑戦争は有名である。（写真提供／毎日新聞社＝アフロ）

船会社の古い乗船記録によれば、彼女の来日時の一等船室の船賃二千四百八十マルクはエリスの父親が支払っている。軍医の鷗外の年俸をはるかに上回る金額である。結婚のための日本渡航でなければ、父親がこの高額な船賃を娘のために支払ってやるはずがなかった。（今野勉『鷗外の恋人　百二十年後の真実』）

当時、ドイツ娘を説得していた小金井良精の知人宛書簡には、「エリスから、林太郎の子を妊娠して流産したと聞かされた」とある。鷗外は真剣にエリスとの結婚を考えていた。

妹の回想によれば、兄は一時陸軍軍医の退官さえ決意した。だが、母親をはじめとする家族の強硬な反対に追いつめられて、ついに断腸の思いでエリスを故国に帰す決心をする。帰国の船便、旅行券の手配をし、軍部上官からも借金して彼女の船賃をつくり、来航から一か月あまりになるエリスを横浜まで見送った。

その日、横浜のホテルで最後の夜を過ごした二人は、翌朝七時に起きて艀（はしけ）に乗りこむと、港で待つドイツ客船のゲネラル・ヴェルデル号に向かった。異国から追ってきた十六歳のドイツ娘が、帰国の船の舷側（げんそく）でいつまでもハンカチを振りつづける姿を、岸壁に佇（たたず）む鷗外はどんな思いで見送ったのであろうか。

この事件が終結したあとの家族の感慨は、二十六歳の鷗外の悲痛な思いとはかけ離れたところにあった。

「エリスはおだやかに帰りました。人の言葉の真偽を知るだけの常識にも欠けて居る、哀れな女の行末をつくづく考えさせられました。（中略）誰も誰も大切に思って居るお兄様にさしたる障（さわ）りもなく済んだのは家内中の喜びでした」（『森鷗外の系族』）

幕末に没落した家名の興隆を、ひとり長男の鷗外に託していた一家の安堵と喜びは大きかった。

洋行の夢が叶ってドイツ留学へ

鷗外が生まれた石見国津和野は、長州の国境まで一里、山に囲まれた盆地の底にひらけた亀井藩の城下町であった。森家は慶安年間からはじまり、明治二年の版籍奉還まで二百五十年つづいた御典医の家柄である。父は四万三千石の藩主の第十二代御典医だった。

文久二年（一八六二）一月十九日、鷗外は同家の長男として生まれた。本名は林太郎。明治のはじまる六年前のことである。明治維新によって名家が没落したあと、十歳のとき父母に伴われて上京。以後、世を去るまで故郷の土を踏むことはなかった。

父は森家に養子に入った跡継ぎであり、名門の同家を仕切っていたのは母の峰子であった。上京後もドイツ語習得、医科コースへの進学、官職における出処進退、あるいは人脈、交遊、結婚にいたるまで鷗外の人生すべてを母・峰子が支配していた。息子もまた生涯にわたってこの母親には絶対服従であった。

明治十四年、東大医学部を史上最年少の十九歳で卒業するが、母の強い希望をいれて陸軍軍医部入りした。鷗外を迎えた先輩が手放しで新任軍医副を賞賛した一文がある。

「我軍医ニコノ天才森氏出デシハ、我医務局ノ幸福ノミナラズ、我帝国陸軍ノ幸福ナリト感服セザル無シ。氏ハ空前絶後ト云可シ、各省広大ナリト雖モ嘗テ如此ノ人ヲ見ズ」（中井義幸『鷗外留学始末』）

かねて希望していた洋行の夢が叶って、陸軍省派遣の二等軍医としてドイツに留学したのは明治十七年夏、弱冠二十二歳のときである。

留学中には、ドイツ軍団の軍事演習に参加して実戦的な陸軍医事、衛生学などを学び、ドレスデンの王宮では新年舞踏会に招待されて見事なダンスを披露するなど、当時の貴族社会のサロン的な雰囲気に酔いしれる青春を存分に楽しんでいる。

そのころ、後に日本でペスト菌を発見、さらに破傷風の治療法を開発して「日本細菌学の父」と呼ばれることになる北里柴三郎もドイツに留学していた。この俊秀の医学者と現地で親しくなった鷗外は、彼の紹介で細菌学の世界的権威であったベルリン大学のコッホ博士に師事して最新の医学を学んでいる。

この四年間の留学中に新興都市ベルリンで、教会の扉に寄りかかって泣いていた十六歳の踊り子エリスと出会い、恋に陥ちたのである。

家庭内の凄絶な嫁姑戦争

実は鷗外はその生涯に二度結婚している。一度目はエリス事件の直後に、母親が親戚の大物を介してまとめた海軍中将男爵家の長女・赤松登志子との結婚である。

この権門（けんもん）の妻とは長男・於菟（おと）をもうけながら、わずか一年半で離婚している。その背景には、エリス事件の深い傷跡があった。

鷗外はこの最初の結婚生活中に、エリスの面影を追想した処女作の「舞姫」を書き上げている。

「彼（エリス）は優れて美なり。乳（ち）の如き色の顔は燈火に映じて微紅（うすくれない）を潮（さ）したり。手足の繊（かぼそ）く裊（たおやか）なるは、貧家の女に似ず」

踊り子エリスとの悲恋を描いたこの作品と、ドイツの青春を記念した「うたかたの記」「文づかひ」の三部作をめぐって、海外で新しい文学の潮流に触れた鷗外は、旧弊な明治文壇相手に激しい論争を巻き起こした。

後年、「ヰタ・セクスアリス」が風俗壊乱で発禁になったときには、陸軍上官から「新聞紙に署名を載せるべからず」という厳しい戒告を受けている（『鷗外日記』）。鷗外の軍人と文学者の二重生活は、陸軍上層部では常に物議を醸していた。以後の陸軍軍医としての昇進にも紆余曲折があって、必ずしも順調とはいえない。

三十七歳のときには、九州小倉に三年間左遷されている。

左遷先では、親友（賀古鶴所宛）に「好イ年ヲシテ少々美術品ラシキ妻ヲ迎へ……」と音信して、判事の長女で二十二歳の離婚歴ある美女、荒木志げと再婚。しかし二度目の妻は、一家を仕切る鷗外の母と事ごとに対立して、家庭内で凄絶な嫁姑戦争を惹き起こして文豪を苦しめる。鷗外没後、志げ夫人が絶版にして、長く日の目を見なかった短篇「半日」に詳しい。

なお断ちがたいエリスへの思慕

本稿では、鷗外の縁戚者に倣って恋人の名を「エリス」で統一したが、彼女の本名、出自をめぐっては、この九十年間に六、七十冊の研究書があり、古い新聞、雑誌の記事を入れると数知れない。

先妻の子である長男・森於菟の『森鷗外』（養徳社）もその一冊である。書中で、自分を含め鷗外が命名した子供たちの名前は、すべてドイツ語に由来すると指摘している。

四人の子供の名前にドイツ語をあてはめると、「於菟 Otto」「茉莉 Marie」「杏奴 Anne」「不律 Fritz」「類 Louis」となる。

なかでも次女の「杏奴」という名は呼びにくいと、妻・志げが再三反対したにもかかわらず、鷗外は彼女に隠れて区役所に届けを出している。

ある研究者の最新の調査によって、この鷗外の次女の「杏奴 Anne」という名前は、エリスの妹の「アンナ Anne」から取られており、長女の「茉莉 Marie」はエリス本人のフルネームの一部から命名されていることが判明している。（六草いちか『鷗外の恋　舞姫エリスの真実』）

別れて数十年を経ても、なお断ちがたいエリスへの思慕を、鷗外は、我が子の名前に冠して偲んでいたのである。青春の蹉跌はその生涯にわたって尾を曳いている。

鷗外の次女・小堀杏奴の著書『晩年の父』には、以下のような衝撃的な一文が出てくる。

「亡父が、独逸時代の恋人を、生涯、どうしても忘れることの出来ないほど、深く、愛していたという事実に心付いたのは、私が二十歳を過ぎた頃であった。そう考えるようになった原因の一つは、死期の迫った一日、父が、母に命じて、独逸時代の恋人の写真や、手紙類を持って来させ、眼前で焼却させたと、母が語ってくれたからである……」と。

世を去る三日前に残した遺言

死の三年前、翻訳集「蛙」で鷗外はこんな独り言を洩らしている。

「わたくしは老いた。翻訳文芸を提げて人に見ゆるも恐らく此書を以て終とするであろう。（中略）わたくしは蛙の両棲生活を継続することが今すでに長きに過ぎた。帰りなむいざ、帰りなむいざ。気みじかな青年の鉄椎の頭の上にうちおろされぬ間に……」

「蛙の両棲生活」とは、官界に久しく身を置きながら、長年にわたって文学に励み、文壇に聳立してきた自身の二重生活を指している。

陸軍にあっては最高位の軍医総監まで昇りつめた〈公的生活〉。一方、勤めを終えた深夜の書斎で鷗外漁史と名乗り、「青年」「雁」「灰燼」、あるいは史伝三部作の「澁江抽斎」以下の不朽の名作を生み出した文学者としての〈私的生活〉。この公私二役の「両棲生活」を、鷗外はついに生涯棄てさることはなかった。

世を去る三日前、遺言を残した。

「余ハ少年ノ時ヨリ老死ニ至ルマデ一切秘密無ク交際シタル友ハ賀古鶴所君ナリ。コヽニ死ニ臨ンテ賀古君ノ一筆ヲ煩ハス。死ハ一切ヲ打チ切ル重大事件ナリ。奈何ナル官憲威力ト雖此ニ反抗スル事ヲ得スト信ス。余ハ石見人　森林太郎トシテ死セント欲ス。宮内省、陸軍皆縁故(えんこ)アレドモ生死別ル、瞬間アラユル外形的取扱ヒヲ辞ス。森林太郎トシテ死セントス。墓ハ森林太郎墓ノ外(ほか)一字モホル可(べ)カラス。書ハ中村不折(ふせつ)ニ依託シ、宮内省、陸軍ノ栄典ハ絶対ニ取リヤメヲ請(こ)フ。手続ハソレゾレアルベシ。コレ唯一ノ友人ニ云ヒ残スモノニシテ何人(なんぴと)ノ容喙(ようかい)ヲモ許サス」(句読点、ルビは筆者)

大正十一年七月九日早朝、死に臨んでいっさいの栄典を拒んだ鷗外は六十年の生涯を閉じた。枕頭(ちんとう)の誰かが、朝日の射しこむ座敷で永眠する鷗外を見て、「衰えた哲人の像を見るようだ」と慨嘆した。

幸田露伴（こうだろはん）

●明治文壇の大文豪、初代文化勲章受賞

一八六七〜一九四七

じゃあ、
おれはもう死んじゃうよ

昭和十三年頃の幸田露伴。七十歳を越していたが、東京・小石川の自宅で、精力的に作品を発表していた。（写真提供／アフロ）

大嵐に襲われた一夜の描写

文豪・幸田露伴の代表作といえば『五重塔』である。戦前から国語教科書に採用されてきたこともあって、長い歳月、数多くの読者から愛読されてきた。

江戸谷中に建立される五重塔が物語の舞台である。大工の十兵衛は卓越した腕を持ちながら、頑固で世渡りの才覚を持たず、「のっそり」と渾名されて方々を渡り歩いてきた。だがあるとき、江戸の五重塔普請の噂を耳にして、「百年一度の好い仕事」を、なんとしてでも自分一人の腕でやり遂げたいと、狂気のごとき執念にとり憑かれてしまう。すでに五重塔の普請は、寺の上人様が棟梁・川越の源太に任せると決めていた。十兵衛が日ごろ一方ならぬ世話になっている親方である。

弟子の執念を同じ職人気質で理解できる棟梁の源太は、「二人で半々でやろうじゃねえか」と下手に出てやるが、義理や人情を捨てて匠の鬼と化していた十兵衛は、「二人仕事は厭でございます」と、無下に断って、寺の上人様に執拗に直談判して、壮重な五重塔の普請を独り占めしてしまった。

この名作は、十兵衛が精魂こめて完成した五重塔が、猛烈な嵐に襲われた一夜の凄絶な描写で話題となり、語り継がれてきた。

「上りつめたる第五層の戸を押明けて今しもぬつと十兵衛半身をあらはせば、礫を投ぐるが如き暴風の眼も明けさせず面を打ち、一ツ残りし耳までも扯断らむばかりに猛風の呼吸さへさせず吹きかくるに、思はず一足退きしが屈せず奮つて立出つ、欄を握むで屹と睨めば天は五月の闇より黒く、ただ囂囂たる風の音のみ宇宙に充て物騒がしく、さしも堅固の塔なれど虚空に高く聳えたれば、どうどうどつと風の来る度ゆらめき動きて、荒浪の上に揉まるる棚なし小舟のあはや傾覆らむ風情、さすが覚悟を極めたりしもまた今更におもはれて、一期の大事死生の岐路と八万四千の身の毛堅たせ牙咬定めて眼を瞠り、いざその時はと手にして来し六分鑿の柄忘るるばかり引握むでぞ、天命を静かに待つとも知るや知らずや、風雨いとはず塔の周囲を幾度となく徘徊する、怪しの男一人ありけり」

怪しの男は、いうまでもなく十兵衛の五重塔を案じて、大嵐の中を命懸けで駆けつけた川越の源太の姿である。

物語は、嵐の通り過ぎた落成式の塔にのぼった寺の上人様が、「江都の住人十兵衛これを造り川越源太郎これを成す」と、柱に筆太に墨書したところで終る。

——名作『五重塔』を音読すると、遥か古代から届く大嵐の唸りが耳元で鳴る。日本語の魂魄とでもいうべき荒々しい咆哮である。

幼少時から貧乏士族の悲哀

慶応三年（一八六七）陰暦七月二十三日、露伴は江戸下谷で生まれた。代々幸田家は、江戸城に登城する大名の接待役をつとめる表御坊主衆と呼ばれる家柄であった。拝領町屋敷を賜り、四十俵三人扶持の俸禄を授かる家格の高い一門である。

だが、明治前年に徳川幕府最後の幕臣の四男として生まれた露伴は、新時代の没落士族の子であった。

父親が明治新政府・大蔵省の下級官吏に転身すると、一家の収入は維新前と較べて十分の一にまで減り、後に父親が廃官失職してからは、引っ越しするたびに小さな借家に移り、幼少時か

明治四十三年、四十四歳の露伴。向島の蝸牛庵で二人の愛児と。娘の文は六歳。のちに十九歳で夭折した弟の一郎は三歳。

ら貧乏士族の悲哀をその身辺で切実に味わっている。六歳から塾で手習いをはじめ、小学校だけは出たが、中学は家計の都合で退学し、その後籍を置いた東京英学校（「青山学院」）も学費が続かず中退している。以降はもっぱら湯島聖堂の図書館に日参して和漢の書を渉猟（しょうりょう）し、古典や江戸文芸、なかでも西鶴（さいかく）、近松（ちかまつ）などを乱読した。

そのころ中学で同級だった尾崎紅葉（こうよう）も同じ図書館に出入りしていて、盛んに文学談義をかわしたという。

伝記の年譜には、露伴の最終学歴は「電信修技学校」とある。

十六歳のとき、国から授業料が支給される逓信省（ていしんしょう）の電信修技学校に給費生として入学した。二年後、電信技師として北海道余市（よいち）に赴任を命じられたが、この北国での寂寥（せきりょう）の日々に、東京からとり寄せた坪内逍遙（つぼうちしょうよう）などの新文学に親しみ、文学者として身を立てる決意を固めたといわれる。

二年間は辺境の余市で勤務に従事したが、二十歳のとき厳寒の地での職務を無断放棄して帰京。まもなく逓信省から罷免（ひめん）された。

野宿、無賃乗車で東京に向かった貧乏旅行を回顧した『突貫紀行』には、その真意がこう記されている。

「身には疾あり、胸には愁あり、悪因縁は逐へども去らず、未来に楽しき到着点の認めらるゝなく、目前に痛き刺激物あり、欲はあれども銭なく、望みあれども縁遠し、よし突貫してこの逆境を出でむと決したり」

この旅の途上に詠んだ「里遠しいざ露と寝ん草枕」の句から「露伴」という号を得た。

文壇の人気を二分した紅露時代

帰京後は父の経営する和紙卸店の店番として働きながら、戯作風の小説や評論をいくつか習作している。二十二歳のとき処女作『露団々』を発表したが、元幕臣で士族の驕りを捨てきれない父親は、戯作者に身を落とした息子を恥として厳しく叱責したという。

だが文壇からは、「多く得がたき才子なり」と評され、突如現れた俊秀の文人として迎え入れられた。その後三年ほどの間に『五重塔』『風流仏』など、匠技に命を賭ける名人たちの心意気を描いた職人物の傑作を次々と発表し、文壇での地位を不動のものにしていった。

当時は『小説神髄』の坪内逍遙が、「おのれは今より頸を長うして新俗文の世にいづる日を待つものなり」と、新しい日本語文を待望していた時代である。古い漢語や美文調を排して、日常の言葉で小説を書くという二葉亭四迷（『浮雲』）の「言文一致体」などが主流となっていた。

しかし露伴は世俗的なその流行に背を向けて、古来の「漢語文」「文語体」にこだわる古典的な作品を発表しつづけた。

その後も『幽情記』『運命』、さらに『幻談』『観画談』など後世に残る文語体の傑作を書き継いで、文人としての地位を確立し、当時、写実主義の作風を代表する尾崎紅葉（『金色夜叉』）と明治文壇の人気を二分する「紅露時代」を築いた。

後年には帝国学士院会員、帝国芸術院会員となり、昭和十二年の第一回・文化勲章を受章している。

全集に眠っていた奇妙な一篇

娘・幸田文の随筆『ちぎれ雲』の書中にこんな一節が出てくる。

「そのむかし幸田一族はなかなかハイカラで、会話のなかには頻繁に外国語が用いられていた。これは明治維新にもよるが、ふたりの叔母たちが相ついで早く外国留学したことにもよるらしい」（「造語家」）

露伴の兄弟姉妹には、後に社会的に名を成した人物が多い。長兄は紡績会社社長として成功した実業家。次兄は海軍大尉退役後、北方領土の守備防衛を説いて千島列島の探検・開発に専念した冒険家。その弟は歴史学者で後に大学教授（「一橋大学」）となった。上の妹はウイーンに音楽留学した後、東京音楽学校（「東京芸大」）で初代教授としてピアノと声楽を教え、すぐ下の音楽家の妹も、姉とともに東京音楽学校の教授になっている。

華麗な一族の血は、四男坊の露伴にも色濃く受け継がれていったようである。「蝸牛庵」の書斎から生み出された膨大な作品は、全四十四巻の『露伴全集』（岩波書店）となって今の時代まで残されている。

あるとき『露伴全集』に目を通していると、第十巻の書中に、露伴の他の作品とはまったく異なる奇妙な一篇（『番茶會談』）が眠っていることに気づいた。

明治四十四年、すでに文豪の名を恣にしていた四十五歳の露伴が、「実業少年」という少年雑誌に「滑稽御手製未来記」と題して掲載した連載企画をまとめたものである。

明治の大文豪の知の奥行き

作中に登場する少年たちは、（作者の分身らしき）正体不明の男を訪ねて、「未来は諸君の手製次第」と、奇想天外な文明文化改造案を次々と吹き込まれていく。

連載には「カード式導入で商業簿記などの便利向上」「電線不要の電力輸送法」などのアイデア。あるいは、煙草（たばこ）や塩を売るくらいなら、政府は圧縮空気製造会社を興して、その空気で動く「圧縮空気自動車」「冷房装置」などを考案したほうが、はるかに大儲（おおもう）けできるという提案などが続々登場する。なかには「終夜常燈銀行」「悪漢監視法」「新考案の盗難保険會社」など、ほぼ一世紀を経て、すでに現代社会では実現されている企画もいくつか含まれている。

別の号には「列車をいちいち駅に停めなくても、停車場を列車と並行して走らせながら乗客の乗降をすれば、石炭の消費量を大幅に削減できる」など、いま読んでも驚くほど斬新な「空間・時間瞬間移動理論」が紹介されている。

まさに後世のSF（サイエンス・フィクション）の先駆けだが、発表された明治末という時代相を考え合わせると、電気自動車、動く歩道、モノレール、無線通信など五十四項目にわたるその未来学的なビジネスモデルの数々は一驚に値する。

評判高い古典主義、雅語（がご）、文語体の歴史小説、古典研究など数々の重厚な作品の背後にひそむ、レオナルド・ダ・ヴィンチさえ連想させる明治の大文豪の知の奥行きには、ただ唖然とするばかりである。

父の最期を看取った娘の文

才能豊かな幸田一族の血は、娘の幸田文（本名・文子）にも受け継がれていったようである。露伴は二度結婚している。文は父親が後々まで哀惜した、早世した最初の妻との間に生まれた次女である。

戦中、戦後にわたって晩年の露伴を介護して、その最期を看取った娘は、『流れる』『父―その死』など父を回想するエッセイを数多く発表している。さらに後年執筆した小説『おとうと』『流れる』などがベストセラーとなり、昭和を代表する女流作家の一人となった。

昭和二十年の戦争末期、露伴が長年住んできた東京・小石川の伝通院傍の蝸牛庵は、連日連夜の米軍爆撃機B29の空襲によって焼失した。

敗戦翌年には疎開先から千葉県市川に移り住み、雨漏りする二畳、四畳半、八畳三間の手狭な借家に、離婚して出戻っていた幸田文・母娘と同居することになる。この片田舎の陋屋が、明治、大正、昭和三代にわたって文壇で一世を風靡した文豪の終の棲家となった。

一年後には知人が寄り集まって八十歳の誕生祝いをしたが、宿痾の糖尿病が悪化していたためすでに終日寝たきりになっていた。亡くなる二日前の出来事を娘の幸田文が随筆「終焉」に書きとめている。

看病疲れで眠っていたが、明け方ふと気がつくと、父がぽっかりと目を開けていた。氷をかえたり、果汁をのませたりしながらいつもの朝のお世話をした。

病床の露伴が左の手をひたいに当て、冷たい右手を娘の右腕にかけると、「いいかい」と訊いた。黙っていると、重ねて「おまえはいいかい」と訊かれた。娘の心はすでに決まっていた。すると露伴は、手の平と一緒にうなずいて、「じゃあ、おれはもう死んじゃうよ」といった。何の表情もない、穏やかな目であった。娘は別れだと知った。「はい」とひと言だけいった。

二日後の朝、臨終が訪れた。以下は小林勇の「終焉の記」による。

露伴の病室の縁側に坐っていた弟子が大きな声で、「先生の色が変わった」といった。玄関にいたものは一度に病室へいった。帰ろうとしていた主治医の武見太郎も靴をぬぎすてると、鞄をかかえて病室に戻った。病人の顔色が一変していた。

主治医は聴診器を胸にあて、手の脈をとった。誰も一語も発しない。この家にいる者はすべて集まっていた。脈をとっていた医師の手が露伴から離れて、聴診器が耳からはずされた。型通りの臨終の挨拶があった。

昭和二十二年七月三十日、午前九時十五分。八十年の生涯を完(まっと)うした露伴は大往生を遂げた。

枕もとに坐っていた娘の文が、

「お父さん、お静まりなさいませ」

と、ささやいた。

北原白秋

きたはらはくしゅう

●近代を代表する詩人、歌人、童謡作家

一八八五〜一九四二

新しい出発だ。
窓をもう少しお開け。
……ああ、素晴らしい。

処女詩集「邪宗門」で、詩壇に華々しくデビューした二十四歳のころの白秋。（写真提供／時事）

家出同然に上京して下宿生活

掘割（ほりわり）に白壁の影が映る水郷の町、筑後柳川（ちくごやながわ）が白秋（はくしゅう）のふる里である。

明治十八年（一八八五）生まれ。福岡県山門郡沖端村（おきのはた）の海産物問屋、後には酒造業を営むことになる生家の長男として育った。

「世間ではこの旧家を屋号通りに『油屋』と呼び、或（あるい）は『古問屋（ふるどんや）』と称（たた）へた。実際私の生家は此六騎（ロッキュ）街中の一、二の家柄であるばかりでなく、酒造家としても最も石数高く、魚類の問屋としては九州地方の老舗（しにせ）として夙（つと）に知られてゐたのである。

……私はかういふ雰囲気の中で何時（いつ）も可なり贅沢（ぜいたく）な気分のもとに所謂（いわゆる）油屋のTonka Johnとして安らかに生ひ立つたのである」（詩集『思ひ出』序文「わが生ひたち」）

文中のTonka Johnは、柳川訛（なま）りでトンカ・ジョンと呼ばれる、「金持ちの坊っちゃん」のことである。

沖端は阿蘭陀（オランダ）語の舟歌を口ずさむ五島（ごとう）、平戸（ひらど）の船頭が出入りする、古い着色写真めいた南蛮（なんばん）情緒が色濃く残る港町だった。

この漁師町で育った白秋が十六歳になったとき、郷里沖端を襲った大火災によって、実家の酒蔵の巨大な酒樽は音立ててはじけ割れ、醸造中の酒はことごとく路上に溢れ、町の河に流れこみ、漁船の停泊する入り江にのみ込まれてしまった。

北原家は酒蔵再興のために巨額の資金を注ぎこむが、その借財によって倒産の危機に瀕していた。父親は傾いた家運を立て直すために、家督を長男の白秋に譲り渡して家運を盛り返そうとはかったが……。

人もいや、親もいや、／小さな街が憎うて、／夜ふけに家を出たれど、／せんすべなしや、霧ふり、／月さし、壁のしろさに／こほろぎすだくよ（『思ひ出』・詩篇「ふるさと」）

父の期待に背いて文学に狂い、中学を落第した白秋は、家出同然に上京して早稲田大学英文科予科に入学した。父親に隠れて、母が送ってくれる旧家の蔵の小判を紙幣に換金して、二十歳のトンカ・ジョンは生まれて初めての下宿生活をはじめた。大学予科の同級生には若山牧水や土岐善麿等がいた。やがて、大学近くの穴八幡下の清致館に牧水と同宿するようになるが、その頃、白秋は射水と号し、若山牧水、中村蘇水とともに「早稲田の三水」と呼ばれた。

生涯もっとも充実していたと、後年振り返る青春の日々、白秋はとめどなく湧いてくる詩歌を文芸誌に投稿し、学内誌の懸賞詩に応募して一等当選をはたすなど、有数の新人として詩壇の注目を集めていった。

晩年、目を病んだ白秋は新聞の活字を追うのも一苦労だった。（提供／北原白秋記念館）

官能に彩られた南蛮情趣

明治四十二年（一九〇九）、二十四歳のとき処女詩集『邪宗門』を自費出版した。

若き詩人の第一詩集を迎えた明治詩壇には衝撃が走った。

われは思ふ、末世の邪宗、切支丹でうすの魔法。／黒船の加比丹を、紅毛の不可思議国を、／色赤きびいどろを、匂鋭きあんじやべいいる、／南蛮の桟留縞を、はた、阿刺吉、珍陀の酒を。（「邪宗門秘曲」）

後に「詩はそれ自身が美の宗教である」（『芸術の円光』）と語る白秋は、時代遅れの雅語、古語に新しい息を吹きこみ、俗語、卑語に気品と美しさを与え、きらめく言葉の魔術を駆使して、官能に彩られた南蛮情趣を詩集一巻に見事に幻写した。

　切支丹の紋章を刻印した朱赤のクロスと、花鳥の更紗模様の布を貼り合わせた、斬新な意匠の表紙（カバー）には、燦然と題字が金箔押しされていた。

　故郷柳川の父に送った初版本の扉には、「父上、父上ははじめ望み給はざりしかども、児は遂にその生まれたるところにあこがれて、わかき日をかくは歌ひつづけ候ひぬ。もはやもはや咎め給はざるべし」と、ペン字の献辞が書きこまれていた。出郷前から文学を理解せぬ父親と対立し、一家の期待を裏切りつづけてきた息子からの一文であった。

　ほどなく「生家の古い財宝が無惨にも白日競売の辱しめを受けた」という、母からの悲しい手紙が届く。郷里の生家が倒産したのである。

　新進詩人の肩に、実家の破産による家財や負債の処理、親兄弟の生活など、背負いきれない重圧がいちどきにのし掛かってきた。

まだ姦通罪が存在した時代

　追い打ちをかけるように事件が突発した。読売新聞朝刊に、
〈詩人白秋起訴さる。文芸汚辱の一頁〉

と、題した記事が掲載されたのである。（明治四十五年七月六日付）

「北原白秋は詩人だ、詩人だけれど常人のすることを逸すれば他人から相当の非難もされやう、昨五日東京地方裁判所の検事局から北原隆吉として起訴せられた人は雅号白秋其の人である。起訴されたのは忌むべき姦通罪といふのだ。（中略）丁度一昨年の秋だ。白秋は府下千駄ヶ谷原宿八十五番地に住んでゐた。その隣りに某新聞に関係ある松下といふ人がゐた。某市会議員の甥とかで長らく米国に留学して帰朝後、写真術に優れた技を持て生業としてゐた、即ち今回の告訴者松下長平其の人で、松下の妻が俊子（二五）といふ丸ぽちやの美人で白秋との相被告だ」（記事の旧字体を新字体に変更）

白秋が隣家の人妻松下俊子と知り合ったのは、引っ越し魔の詩人が、千駄ヶ谷の写真家松下某の隣家に転居してきた二年前のことである。

二人が出会ったとき、白秋は二十五歳、俊子は二十三歳の人妻であった。彼女には幼い娘がひとりいた。

やがて隣家の美貌の人妻が夫から日常的に異常な暴行をうけて生傷が絶えず、乳飲み子をかかえて泣き暮らしていることを垣根越しの気配で詩人は知った。まもなく同情はプラトニックな愛に変わり、人妻の俊子も日を追って隣家の青年詩人に心を寄せるようになっていった。

当時は旧刑法（明治四十年法律第四五号）によって、まだ姦通罪が存在していた時代である。「有夫ノ婦姦通シタルトキハ二年以下ノ懲役ニ処ス。其相姦シタル者亦同ジ」（夫のある女子が姦通したときは二年以下の懲役に処す。相手の男子も同罪に処す）。ただしこの時代、夫の告発がなければ姦通罪は成立しなかった。

窃盗、人殺しの囚徒達と護送

二人が知り合って一年八か月経ったときである。俊子の夫・松下某から二人は姦通罪で告訴され、市ヶ谷の未決監獄に二週間拘置されることになった。

歌集『桐の花』には、哀しいほど稚拙な獄中歌が掲載されている。

「かなしきは人間のみち牢獄みち　馬車の軋みてゆく礫道」

「一列に手錠はめられ十二人　涙ながせば鳩ぽつぽ飛ぶ」

「鳩よ鳩よをかしからずや囚人の　『三八七』が涙ながせる」

その後、実弟の奔走によって、夫に三百円の示談金を支払うことで白秋と俊子は免訴放免となった。

事件の翌月、自らが主宰する詩誌『朱欒』に手記を発表している。

「……先月の六日に第一回の裁判を受け、女と共に他の窃盗、人殺、印鑑偽造の囚徒達と囚人馬車に同車して市ヶ谷の未決監に送られたのも事実です。其処で小生は第八監十三室「三八七」といふナンバーに名を改めました。第二回の裁判には編笠に手錠を嵌められた儘他の犯罪人と一緒にぞろぞろ曳かれて出なければなりませんでした。……兎に角、小生が他の妻女たる人と苦しい恋に堕ちかかつてゐて猶且二人共長い間耐え忍んでゐた事も事実ですし、激しい盲目的な愛情の為に夫も棄てその子も棄て真に棄身になつて縋りついて来た女に対して終に自己の平時の聡明に自ら克ち得なかつた事も極めて浅ましい最近の事実で御座います。小生も全くまよひました。而して愚かな狂熱の坩堝の中に一切の智慧も理性も哀楽も焼け爛らして了つたのです。冷酷な自己批判の笞は一々哀れな霊魂を鞭ち（ママ）ます。如何にも小生は立派な倫理道徳の汚辱者に相違御座いません。刑事上の一罪囚に相違御座いません」

救いようのない暗い日々から

無罪放免された白秋は世間から厳しい非難を浴びた。

罪への汚辱から発狂寸前の精神状態にあった詩人は、一方では出獄後会えなくなった俊子に対する狂ほしい慕情に苦しんでいた。

大正二年（一九一三）一月二日、出獄後、ほとんど食事もとれず憂悶（ゆうもん）していた白秋は、ついに自殺を決意して船便で三浦半島の三崎にわたった。

二週間の滞在中、島の絶壁を死に場所と定め、沖に向かってたち騒ぐ大海の前に幾度か立ったが、

「どんなに突きつめても死ねなかつた。死ぬにはあまりにも空が温く日光があまりに又眩（まぶ）しかつた」（『朱欒』後記）

と、後に往時を回想している。

死に向かう巡礼の旅から放心状態で帰京した白秋は、離婚された俊子が横浜に住んでいるという噂を知人から聞く。同居中の両親から結婚の許しを得ると、胸を病んで療養していた俊子を尋ねあて、ただちに正式の妻として北原家に迎え入れた。

だが醜聞によって収入を絶たれた白秋一家の借家には、父と母、さらに郷里から出てきた弟妹が同居していた。落魄（らくはく）した一家が肩寄せて暮らす赤貧の生活の将来は見えず、救いようのない暗い日がつづいていた。

もともと奔放で派手な性格の妻にも苛立ちや不満が鬱積していた。

事件後発表した歌集『雀の卵』の序文には、「我は醒め、妻は未だ痴情の恋に狂ふ。我は心より畏れ、妻は心より淫る」と、妻の不貞をほのめかす一節がある。

破局が訪れ、わずか一年足らずで二人の結婚生活は終わりを告げる。

汚辱の恋によって世間から見放された詩人には、人間の業の深さと向き合って苦しみ悶え、一睡もできない夜がつづいていた……。

「三日三夜法悦カギリナク、タダ、麗ウラトシテ、霊十方法界ニ遊ブ」（詩集『白金之独楽』奥書）

だが、ある朝、射しこむ眩い光とともに摩訶不思議な法悦境が訪れる。

「光リカガヤク槍ブスマ／素肌ニウケテ、身ジロガネ、／アマリニソソグ日ノ光、／アワレミタマヘト目ヲツブル」（「罪人」）

やがて、白秋はさらなる救済を求めて詩歌の世界に戻っていった。

詩人・北原白秋は蘇った。

常に詩壇の中心にあった後半生の詩人の履歴は圧巻である。

近代詩史上未聞の六千数百篇というおびただしい詩歌作品を発表し、大正、さらに昭和という時代を通じて国民詩人として君臨していく。

わたしの輝かしい記念日だ

亡くなる三年ほど前から視力に異常な衰えをきたしていた。糖尿病と腎臓病の併発によって起こる眼底出血のためであった。その間も全国から訪れる門弟たちの歌の添削や、歌集の校正をやめず、晩年にはほとんど失明状態に近づいていた。

亡くなる日の早朝、数度にわたって起きた尿毒症の激しい発作に耐える白秋の姿が書き残されている。（『多磨』昭和十七年十二月号・米川稔「十一月二日の朝とその前夜」）

〈隆太郎君（三度目の妻との間の長男）が新鮮な空気を導こうとして東の窓を少し開かれる。先生のおちついた、然(しか)し深い感動のこもったお声が、

「ああ、蘇った。隆太郎、今日は何日か。十一月二日か。新生だ、新生だ。この日をお前達よく覚えておき。わたしの輝かしい記念日だ。新しい出発だ。窓をもう少しお開け。

……ああ、素晴らしい」

外は霧が流れて、全くすばらしく清々(すがすが)しい黎明(れいめい)であつた。皆がほんとに奇蹟でも目の当たり見るやうな気持ちに、この時、なつたことに不思議も誇張もない。……幾十分経った

か、（そう長い時間ではなかつた）遂に最後の発作が起こつた。

「一度安心したせいか、こんどはどうも打ち勝つ気力がない。駄目だ、駄目だよ」

喘(あえ)ぐやうに言ふ言葉も弱々しく、先刻までの気魄(きはく)は失われていた〉

太平洋戦争の真っ只中(ただなか)であった。

昭和十七年（一九四二）十一月二日、午前七時五十分。生涯三十数度の引っ越しを重ねてきた白秋は東京の借家でついに五十七年の生涯を閉じた。

息をひきとった詩人の枕もとには、ほぼ失明した目で最後まで詩稿を読もうとしていた大きな天眼鏡(てんがんきょう)が転がっていた。

本書は、月刊『Ｈａｎａｄａ』二〇一七年一月号～二〇一八年八月号までに連載された「日本人、最期のことば」を再構成したものです。

装丁　石間淳
本文デザイン　菊池崇（ドットスタジオ）

西村　眞（にしむら・まこと）

1939年生まれ。出版社勤務を経て、パリで発行されていた「LUI」日本版編集長をはじめ、各社11誌の月刊誌編集長を歴任。その一方で歴史の古書、稀書を閲読し、国内外の史跡旧蹟を訪ねて、英傑偉人たちの足跡と生涯をたどった。その間、各誌に「謎の日本史外伝」「美しい国の雪月花」「戦後・あの日、あの時」など多数を連載。著書に『東京哀歌』『ボスの遺言』などがある。

日本人、最期のことば

2018年10月1日　第1刷発行

著　　者　西村　眞
発 行 者　土井尚道
発 行 所　株式会社　飛鳥新社
〒101-0003　東京都千代田区一ツ橋 2-4-3　光文恒産ビル
電話　03-3263-7770（営業）　03-3263-7773（編集）
http://www.asukashinsha.co.jp
印刷・製本　中央精版印刷株式会社

ISBN 978-4-86410-640-5

編集担当　小林徹也、池上直哉
梶原麻衣子（『月刊 Hanada』編集部）